阿尔及利亚刑法典
Penal Code of Algeria

陈志军◎译

中国政法大学出版社
2023·北京

声　　明　1. 版权所有，侵权必究。

2. 如有缺页、倒装问题，由出版社负责退换。

图书在版编目（CIP）数据

阿尔及利亚刑法典/陈志军译. —北京：中国政法大学出版社，2023.11
ISBN 978-7-5764-1193-5

Ⅰ.①阿… Ⅱ.①陈… Ⅲ.①刑法－法典－阿尔及利亚 Ⅳ.①D941.54

中国国家版本馆 CIP 数据核字(2023)第 220632 号

出 版 者	中国政法大学出版社
地　　址	北京市海淀区西土城路 25 号
邮寄地址	北京 100088 信箱 8034 分箱　邮编 100088
网　　址	http://www.cuplpress.com (网络实名：中国政法大学出版社)
电　　话	010-58908285(总编室) 58908433 (编辑部) 58908334(邮购部)
承　　印	北京中科印刷有限公司
开　　本	880mm×1230mm　1/32
印　　张	6.125
字　　数	153 千字
版　　次	2023 年 11 月第 1 版
印　　次	2023 年 11 月第 1 次印刷
定　　价	32.00 元

前言

阿尔及利亚民主人民共和国,简称"阿尔及利亚",是非洲北部马格里布的一个国家。该国北部濒临地中海,东邻利比亚、突尼斯,东南和南部分别与尼日尔、马里和毛里塔尼亚接壤,西部和摩洛哥相连,国土面积居非洲各国、地中海各国和阿拉伯国家之冠,排全球第十位。最晚从公元前一万年起,柏柏尔人便居住在阿尔及利亚一带。公元前1000年后,迦太基人开始在海岸建立殖民地。柏柏尔人借着布匿战争,占领迦太基,柏柏尔王国并逐渐有了眉目。公元前3世纪,在阿北部建立过两个柏柏尔王国。公元前200年,柏柏尔人遭古罗马统治。后罗马、拜占庭、阿拉伯人、西班牙、土耳其入侵。西罗马帝国灭亡时,柏柏尔人又于许多地区独立,同时汪达尔王国掌管了其他地区,一直到被拜占庭帝国皇帝查士丁尼一世驱逐为止。拜占庭帝国维持着对国土西部的统治,一直到八世纪阿拉伯帝国的兴起。8世纪起阿拉伯人入侵,该地开始伊斯兰化。后来,阿尔及利亚以及周围地区统称为柏柏尔诸国(Barbary States)。17世纪起海岸部分曾是奥斯曼帝国的一部分。18世纪,因海盗行径和奴役基督徒的行为,美国与其进行了第一次和第二次巴巴里战争。1830年起法国以一个外交事件为战争理由,占领名义上属于奥斯曼帝国但是实际独立的阿尔及利亚海岸地区,阿尔及利亚总督侯赛因被流放，法国殖民地自此逐渐向南渗透，直至开始入侵，但由于遭到当地居民的顽强而有力的抵抗，法国直到1905年才基本完成对整个阿尔及利亚的占领。二战期间，阿尔及利亚支持同盟国，支援自由法国武装战斗。1945年5月8日，德国投降后，法国政府开始镇压阿尔及利亚反叛运动。1954年，民族解放阵线发起了争取阿尔及利亚独立的游击战争，经过近十年的斗争，阿尔及利亚于1962年独立。阿尔及利亚独立后非常重视立法工作，1966年6月8日第66-156号法令制定了《阿尔及利亚刑法典》，1966年6月11日第49/1966号政府公报公布。该刑法典颁布后迄今为止进行了27次局部修正仍在施行，最新的一次是2021年12月28日第21-14号法令所作的修正。现行的《阿尔及利亚刑法典》的主要内容有：

1. 刑法的渊源

阿尔及利亚的刑法立法包括刑法典和特别刑法。刑法典是其刑法立法的主体，此外还包括在其他法律中的附属刑法条款等，如2006年2月20日关于预防和打击腐败的第06-01号法律等。

2. 刑法典的体系

《阿尔及利亚刑法典》分为总则和罪名（分则）两部分。总则部分包括第一卷（刑罚和保安处分）和第二卷（可罚的行为与行为人）。罪名部分包括第三卷（重罪、轻罪及其制裁）和第四卷（违警罪及其制裁）。

3. 刑法的原则

《阿尔及利亚刑法典》第1条对罪刑法定原则作出了规定："无法律，即无犯罪、刑罚或者保安处分。"

4. 刑法的地域效力

阿尔及利亚刑法的地域效力划分为域内效力和域外效力两部分：（1）域内效力。《阿尔及利亚刑法典》第3条第1款规定："刑法适用于在共和国领域内实施的所有犯罪。"（2）域外效力。《阿尔及利亚刑法典》第3条第2款规定："当根据《刑事诉讼法典》的规定属于阿尔及利亚刑事法院的管辖范围时，刑法也适用于在国外实施的犯罪。"《阿尔及利亚刑事诉讼法典》第五卷第九编、第十编对此作出了具体规定。《阿尔及利亚刑事诉讼法典》第582条第1款规定："阿尔及利亚人在共和国境外犯下的任何符合阿尔及利亚法律规定的犯罪行为，可在阿尔及利亚受到起诉和审判。"第2款规定："但是，只能在罪犯返回阿尔及利亚，并且不能证明其已经在国外接受最终审判，以及在已被判刑的情况下不能证明其已服刑或刑罚已过时效而消灭或获得赦免时，才能进行起诉和审判。"第588条规定："外国人在阿尔及利亚境外作为正犯或共犯，犯有危害阿尔及利亚国家安全的重罪或轻罪或伪造在阿尔及利亚作为法定货币的国家硬币或纸币的，如果在阿尔及利亚被逮捕或政府获得对其的引渡的，可以根据阿尔及利亚法律的规定进行起诉和审判。"由此可见，阿尔及利亚采取的是以属地管辖为原则、以属人管辖和保护管辖等为补充的刑事管辖权体制。

5. 刑法的溯及力

《阿尔及利亚刑法典》在此问题上采取从旧兼从轻原则。《阿尔及利亚刑法典》第2条规定："除非不更为严厉，否则刑法没有溯及力。"

6. 刑事犯罪的分类

《阿尔及利亚刑法典》第27条将犯罪分为重罪、轻罪和违警罪三类。三者的主要区别在于刑罚的主刑不同：（1）重罪。重罪的主刑是死刑、无期徒刑和徒刑5年至30年。（2）轻罪。轻罪的主刑是监禁2个月以上至5年（但本法典和其他特别法规定了其他限度的情形除外）和罚金20 000第纳尔以上。（3）违警罪。违警罪的主刑是监禁最少1日至最多2个月和罚金2000第纳尔至20 000第纳尔。

7. 法人犯罪

《阿尔及利亚刑法典》以总则和分则相结合的方式规定了法人犯罪。在总则部分规定了适用于法人的刑罚等，在分则中对哪些具体犯罪可以由法人构成做出具体规定。2004年11月10日第04-15号法律对刑法典的修正，在阿尔及利亚法人犯罪立法体系的构建中发挥了重要作用。

8. 刑事责任年龄

《阿尔及利亚刑法典》区分刑罚和保安处分规定了不同的最低

责任年龄：(1) 适用保安处分的年龄。根据《阿尔及利亚刑法典》第49条的规定，已满10周岁的未成年人就可以被适用保安处分。(2) 适用刑罚的年龄。根据《阿尔及利亚刑法典》第49条第3款和第50条的规定，年满13周岁的未成年人，就可以被判处刑罚，但应当予以减刑处罚。

9. 犯罪未完成形态

《阿尔及利亚刑法典》只规定了犯罪未遂这一种犯罪未完成形态。基于犯罪类型的不同规定了不同的处罚范围。重罪的未遂，同样视为重罪；轻罪的未遂，只有在法律有明确规定的情况下才能处罚；违警罪的未遂，不罚。

10. 共同犯罪人的类型

《阿尔及利亚刑法典》将共同犯罪人分为两类：(1) 正犯。第41条规定："正犯，是指所有直接参与实行犯罪的人，以及所有以礼物、承诺、威胁、滥用权威和权力、圈套或者有过错的诡计教唆该行为的人。"(2) 共犯。第42条规定："共犯，是指在知情的情况下，对正犯予以任何工具帮助或者协助正犯在准备犯罪、便利犯罪、完成犯罪活动中的行为，但没有直接参与犯罪的人。"第43条规定："在明知对方犯罪行为的情况下，惯常地为一名或多名实施危害国家安全、公共安宁、人身或财产的土匪行为或暴力的犯罪分子提供住宿、隐匿地点或者聚会场所的人，视同共犯。"

11. 正当行为

《阿尔及利亚刑法典》规定了两种正当行为类型：(1) 基于法律的命令或者授权的行为。第39条规定："在下列情形下没有犯罪：……基于法律的命令或者授权的行为……"(2) 正当防卫。第39条规定："在下列情形下没有犯罪：……在对自己或他人或者属于自己或他人的财产进行正当防卫的现实必要性支配下的行为，只要其防卫与侵害的严重性相称。"

12. 刑罚的体系

《阿尔及利亚刑法典》规定的刑罚包括主刑和附加刑两大类。(1) 主刑。适用于自然人的主刑包括：罚金、监禁、徒刑和死刑。

前言

2009年还增设了一种用于替代监禁的社区服务。可适用于法人的主刑是罚金。（2）附加刑。可以适用于自然人的附加刑包括：禁治产；禁止行使公民、民事和家庭权利；软禁；禁止居留；部分没收财产；暂时禁止从事某一职业或活动；关闭场所；排斥参与公共采购；禁止签发支票和/或使用支付卡；吊销、暂扣驾照或撤销驾照并禁止申请颁发新驾照；吊销护照；公布或者张贴有罪判决或者裁定。可适用于法人的附加刑包括：解散法人；关闭法人的场所或其某一附属机构；排斥参与公共采购；禁止直接或者间接从事一项或多项职业或者社会活动；法院命令没收用于实施犯罪的物品或者犯罪所生的物品；公布或者张贴有罪判决；在司法监督之下从事导致其犯罪的或者与所实施的犯罪有关的活动。

由于水平所限，不当之处，敬请读者批评指正。

陈志军
2023年2月

目 录
Contents

003　第一部分　总　则

003　　基础条款

003　　第1卷　刑罚和保安处分

004　　　第1编　适用于自然人的刑罚

004　　　　第1章　主　刑

005　　　　第1A章　社区服务

006　　　　第2章　从　刑

006　　　　第3章　附加刑

013　　　第1A编　适用于法人的刑罚

014　　　第2编　保安处分

016　　第2卷　可罚的行为与行为人

016　　　第1编　犯　罪

016　　　　第1章　犯罪的分类

017　　　　第2章　未　遂

017　　　　第3章　并合罪

018　　　　第4章　正当行为

018　　　第2编　犯罪人

018　　　　第1章　犯罪参与人

019　　　　第2章　刑事责任

021	第3章	刑罚个别化
021	第1节	刑罚免除或者减轻的条件
021	第2节	减轻情节
024	第3节	累　犯
028	第4节	关押期

029	**第二部分　罪　名**	
029	**第3卷　重罪、轻罪及其制裁**	
029	第1编	危害公共事务的重罪与轻罪
029	第1章	危害国家安全的重罪与轻罪
029	第1节	叛国罪和间谍罪
031	第2节	对国防和国民经济的其他侵犯
034	第3节	侵犯国家权力和国家领域完整的袭击、共谋和其他犯罪
035	第4节	以大屠杀或者破坏紊乱国家罪
036	第4a节	视为恐怖主义或者颠覆行为的犯罪
041	第5节	通过参与暴动实施的犯罪
042	第6节	其他规定
046	第2章	聚　集
048	第3章	危害宪政的重罪与轻罪
048	第1节	选举犯罪
049	第2节	侵犯自由
050	第3节	公务员结伙
051	第4节	行政和司法机关的权力僭越
052	第4章	危害公职秩序的重罪与轻罪
052	第1节	挪用和贪污
053	第2节	腐败和影响力交易

目 录

055	第3节	滥用职权
055	第1目	针对个人滥用职权
056	第2目	针对公共事务滥用职权
056	第4节	非法提前或者延期行使公共权力
057	第5节	对公务员或者公务助理人员实施的特定重罪与轻罪的刑罚加重
058	第5章	个人实施的危害公共秩序的重罪与轻罪
058	第1节	针对国家公务员和国家机构的侮辱和暴力
060	第1a节	针对医疗卫生机构及其工作人员的侮辱和暴力
064	第2节	与墓地和对逝者的尊重有关的犯罪
065	第3节	破坏封条和夺取公共保管的文书
066	第4节	亵渎和贬损
068	第5节	军队供应商的重罪与轻罪
069	第6节	违反赌场、彩票和当铺条例的犯罪
070	第7节	与工业、商业及公开拍卖有关的犯罪
072	第8节	违反有关出境法律和条例的犯罪
072	第6章	危害公共安全的重罪与轻罪
072	第1节	犯罪团伙和帮助犯罪分子
075	第2节	叛　乱
077	第3节	脱　逃
078	第4节	乞讨和流浪
079	第6A章	散布、宣传危害公共秩序和公共安全的信息或新闻
079	第7章	伪　造
079	第1节	伪造货币
081	第2节	伪造国玺、字锤、印章和标识
084	第3节	伪造公文书或者公证文书

085	第4节	伪造私文书、商业文书或者银行文书
086	第5节	伪造特定的行政文书和证书
088	第6节	共同规定
088	第7节	伪证和虚假宣誓
090	第8节	篡夺或者违规使用职务、头衔或者姓名
093	第8章	伪造以获取公共补贴、公共救济和社会减免
094	第9章	损害考试和比赛的诚信
096	第2编	危害个人的重罪与轻罪
096	第1章	侵犯人身的重罪与轻罪
096	第1节	谋杀、其他死罪以及故意的暴力
096	第1目	谋杀、暗杀、杀害尊亲属、杀婴、毒杀和酷刑
098	第2目	故意的暴力
103	第3目	可免除或者减轻的重罪与轻罪
105	第2节	胁　迫
106	第3节	非故意杀人、伤害和使他人的生命或身体完整性遭受危险
107	第4节	侵犯个人自由、住宅的不可侵犯性和绑架
110	第5节	侵犯人的名誉、尊严、隐私和泄露秘密
114	第5a节	贩运人口
116	第5a-1节	贩运器官
118	第5a-2节	偷运移民
120	第2章	妨害家庭和风化的重罪与轻罪
120	第1节	堕　胎
122	第2节	遗弃儿童和无行为能力人、使他们面临危险和买卖儿童
125	第3节	妨碍儿童身份识别的重罪与轻罪
125	第4节	拐取和不代表未成年人行使权利

127	第5节	抛弃家庭
128	第6节	妨害风化
133	第7节	煽动未成年人放荡和卖淫
136	第3章	侵犯财产的重罪与轻罪
136	第1节	夺取和敲诈
143	第2节	诈骗和签发空头支票
145	第3节	背　信
147	第4节	破　产
148	第5节	侵夺不动产
149	第6节	窝藏赃物
149	第6a节	洗　钱
151	第7节	侵犯文学艺术作品著作权
152	第7a节	侵害数据自动化处理系统
154	第8节	毁灭、破坏、损坏以及劫持交通工具
161	第3编	妨害国民经济和公共机构正常运行的其他犯罪
161	第1章	妨害工人参与组建和运行自我管理机构的权利
163	第4编	商品销售欺诈和食品药品掺假
167	**第4卷**	**违警罪及其制裁**
167	第1编	一级违警罪
167	第1章	一类违警罪的唯一等级
167	第1节	与公共秩序有关的违警罪
167	第2节	与公共安全有关的违警罪
169	第3节	与人身有关的违警罪
170	第4节	与动物有关的违警罪
170	第5节	与财产有关的违警罪
171	第6节	与道路有关的违警罪
171	第7节	对一等违警罪累犯的制裁

171	第2编	二类违警罪
171	第1章	二类一等违警罪
171	第1节	与道路有关的违警罪
172	第2节	与人身有关的违警罪
172	第3节	与风化有关的违警罪
172	第4节	与动物有关的违警罪
172	第5节	与财产有关的违警罪
173	第2章	二类二等违警罪
173	第1节	与公共秩序有关的违警罪
174	第2节	与公共安全有关的违警罪
175	第3节	与道路有关的违警罪
176	第4节	与人身有关的违警罪
176	第5节	与动物有关的违警罪
176	第6节	与财产有关的违警罪
177	第3章	二类三等违警罪
177	第1节	与公共秩序有关的违警罪
178	第2节	与公共安全有关的违警罪
178	第3节	与道路和公共卫生有关的违警罪
179	第4节	与人身有关的违警罪
179	第5节	与财产有关的违警罪
179	第4章	对二类违警罪累犯的制裁
180	第3编	对各类违警罪的共同规定
180	一般条款	

阿尔及利亚刑法典[1]

（1966年6月8日第66-156号法令制订；1969年9月16日第69-74号法律修正；1973年7月25日第73-48号法令修正；1975年6月17日第75-47号法令修正；1978年2月11日第78-03号法律修正；1982年2月13日第82-04号法律修正；1988年7月12日第88-26号法律修正；1989年4月25日第89-05号法律修正；1990年2月6日第90-02号法律修正；1990年7月14日第90-15号法律修正；1995年2月25日第95-11号法令修正；1996年7月9日第96-22号法律修正；1997年3月6日第97-10号法律修正；2001年6月26日第01-09号法律修正；2004年11月10日第04-15号法律修正；2005年8月23日第05-06号法律修正；2006年2月20日第06-01号法律修正；2006年12月20日第06-23号法律修正；2009年2月25日第09-01号法律修正；2011年8月2日第11-14号法律修正；2014年2月4日第14-01号法律修正；2015年12月30日第15-19号法律修正；2016年6月19日第16-02号法律修正；2020年4月28日第20-05号法律修正；2020年4月28日第20-06号法律修正；2020年7月30日第20-01号法令修正；2021年6月8日第21-08号法令修正；2021年12月28日第21-14号法令修正）

---

〔1〕 1966年6月8日第66-156号法令，1966年6月11日第49/1966号政府公报公布。

第一部分 总 则

基础条款

第 1 条
无法律，即无犯罪、刑罚或者保安处分。
第 2 条
除非不更为严厉，否则刑法没有溯及力。
第 3 条
刑法适用于在共和国领域内实施的所有犯罪。
当根据《刑事诉讼法典》的规定属于阿尔及利亚刑事法院的管辖范围时，刑法也适用于在国外实施的犯罪。

第 1 卷 刑罚和保安处分

第 4 条[1]
对犯罪，以刑罚进行制裁和以保安处分进行预防。
主刑是指可以无需附属于其他刑罚被宣告的刑罚。
附加刑是指除非法律有明确的例外规定不能脱离主刑单独宣告

---

〔1〕 1969 年 9 月 16 日第 69-74 号法律新增第 5 款（第 80/1969 号政府公报第 864 页）；被 2006 年 12 月 20 日第 06-23 号法律修正（第 84/2006 号政府公报第 10 页）。

的刑罚。附加刑可以并科或者选科。

保安处分具有预防目的。

根据《刑事诉讼法典》第 310 条第 4 款和第 370 条的规定就同一罪行被判决有罪的人，应当对恢复原状、民事赔偿和诉讼费用承担连带责任。

第 1 编　适用于自然人的刑罚[1]

第 1 章　主　刑

第 5 条[2]

重罪的主刑是：

1. 死刑；

2. 无期徒刑；

3. 徒刑 5 年至 30 年。

轻罪的主刑是：

1. 监禁 2 个月以上至 5 年，但本法典和其他特别法规定了其他限度的情形除外；

2. 罚金 20 000 第纳尔以上。

违警罪的主刑是：

1. 监禁最少 1 日至最多 2 个月；

2. 罚金 2000 第纳尔至 20 000 第纳尔。

第 5a 条

有期自由刑不排除罚金刑的适用。

---

[1] 编名被 2004 年 11 月 10 日第 04-15 号法律修正（第 71/2004 号政府公报第 7 页）。

[2] 被 2006 年 12 月 20 日第 06-23 号法律新增（第 84/2006 号政府公报第 10 页）；被 2021 年 12 月 28 日第 21-14 号法令修正（第 99/2021 号政府公报第 10 页）。

第1A章 社区服务[1]

第5a-1条

在满足以下条件的情况下,法院可以用由被判刑人为公法人的利益完成40小时至600小时无偿社区服务替代其被所判处的监禁刑,替换的比率为2小时社区服务替换1日监禁,社区服务必须在不超过18个月的期间内完成:

1. 被告人没有犯罪前科;
2. 被告人在实施犯罪行为时已满16周岁;
3. 对所犯罪行规定的刑罚不超过3年监禁;
4. 所判处的刑罚不超过1年监禁。

针对未成年人宣告的社区服务时间不得少于20小时,也不得超过300小时。

社区服务刑应当在被判刑人在场的情况下宣告。

法院必须在该刑罚宣告前告知被判刑人其有接受或拒绝的权利;并在判决书中予以提及。

第5a-2条

如果被判刑人违反因社区服务刑的执行所产生的义务而被警告的,将对其执行已被社区服务所替代的刑罚。

第5a-3条

适用刑罚的法官监督社区服务刑的执行并对可能出现的任何困难做出裁决。其可以出于健康、家庭或者社会原因,暂停社区服务刑的执行。

第5a-4条

如果被判刑人在无正当理由的情况下不履行社会服务刑的义务的,处刑法官建议检察官采取必要措施执行对其所处的监禁刑。

---

[1] 第1A章被2009年2月25日第09-01号法律新增(第15/2009号政府公报第3页)。

第 5a-5 条

社区服务的劳动，受有关健康、安全、劳动医学和社会保障的立法和条例规定的约束。

第 5a-6 条

一旦决定生效，就执行社区服务刑。

第 2 章 从 刑

第 6 条（废止）〔1〕

第 7 条（废止）〔2〕

第 8 条（废止）〔3〕

第 3 章 附加刑

第 9 条〔4〕

附加刑是：

1. 禁治产；
2. 禁止行使公民、民事和家庭权利；
3. 软禁；
4. 禁止居留；
5. 部分没收财产；
6. 暂时禁止从事某一职业或活动；
7. 关闭场所；

---

〔1〕被 2006 年 12 月 20 日第 06-23 号法律新增（第 84/2006 号政府公报第 24 页）。

〔2〕被 2006 年 12 月 20 日第 06-23 号法律新增（第 84/2006 号政府公报第 24 页）。

〔3〕被 1982 年 2 月 13 日第 82-04 号法律修正（第 07/1982 号政府公报第 206 页）；被 2006 年 12 月 20 日第 06-23 号法律新增（第 84/2006 号政府公报第 24 页）。

〔4〕被 1989 年 4 月 25 日第 89-05 号法律修正（第 17/1989 号政府公报第 373 页）；被 2006 年 12 月 20 日第 06-23 号法律修正（第 84/2006 号政府公报第 11 页）。

8. 排斥参与公共采购；

9. 禁止签发支票和/或使用支付卡；

10. 吊销、暂扣驾照或撤销驾照并禁止申请颁发新驾照；

11. 吊销护照；

12. 公布或者张贴有罪判决或者裁定。

第 9a 条〔1〕

在判处重罪刑罚的案件中，法院应当宣告禁治产，其义务内容是禁止被定罪人在主刑执行期间行使其财产权利。

其财产以司法禁治产决定规定的形式管理。

第 9a-1 条〔2〕

禁止行使公民、民事和家庭权利是：

1. 撤销或解除与犯罪有关的所有公共职务或公共受雇；

2. 剥夺选举权、被选举权或者佩戴勋章的权利；

3. 不能担任陪审员、鉴定人、担任任何文书见证人以及除提供简单信息外不能在法庭作证；

4. 剥夺持有武器、从教、管理学校，或者受雇于教育机构担任教师、主任、学监之权利；

5. 不能担任监护人或者保佐人；

6. 全部或部分丧失监护权。

在重罪判决中，法官必须决定禁止一项或者多项上述权利，期间不得超过 10 年。该期间从主刑期满或者罪犯释放之日起生效。

第 10 条（废止）〔3〕

---

〔1〕被 2006 年 12 月 20 日第 06-23 号法律新增（第 84/2006 号政府公报第 11 页）。

〔2〕被 2006 年 12 月 20 日第 06-23 号法律新增（第 84/2006 号政府公报第 11 页）。

〔3〕被 1989 年 4 月 25 日第 89-05 号法律废止（第 17/1989 号政府公报第 373 页）；被 1982 年 2 月 13 日第 82-04 号法律修正（第 07/1982 号政府公报第 206 页）。

第 11 条〔1〕

软禁的义务内容是让被判刑人居住于判决指定的管辖区域。其期间不能超过 5 年。

居住义务从主刑期满或者罪犯释放之日起生效。

该刑罚通知可以签发到前款所指的区域外的临时旅行许可的内政部。

违反软禁措施的，处 3 个月至 3 年监禁和 25 000 第纳尔至 300 000 第纳尔罚金。

第 12 条〔2〕

禁止居留是指禁止被判刑人出现在特定地方。除法律另有规定外，其期间在轻罪中不得超过 5 年，在重罪中不得超过 10 年。

当禁止居留附随于剥夺自由刑时，其从剥夺自由结束或者该罪犯释放之日起执行。

如果被禁止居留人被羁押的，该剥夺自由的期间不得从禁止居留的期间中扣除。

违反禁止居留措施的，处 3 个月至 3 年监禁和 25 000 第纳尔至 300 000 第纳尔罚金。

第 13 条〔3〕

在对重罪或者轻罪处刑的案件中，可以宣告禁止居留。

在法律有规定的情况下，对任何犯有重罪或者轻罪的外国人，可以判处永久或者最多不超过 10 年的禁止进入领域的刑罚。

当禁止进入领域附随于剥夺自由刑时，其在剥夺自由刑执行期

---

〔1〕 被 2006 年 12 月 20 日第 06-23 号法律修正（第 84/2006 号政府公报第 11 页）；第 3 款被 1969 年 9 月 16 日第 69-74 号法令新增（第 80/1969 号政府公报第 864 页）。

〔2〕 被 2006 年 12 月 20 日第 06-23 号法律修正（第 84/2006 号政府公报第 11 页）；被 1969 年 9 月 16 日第 69-74 号法令新增一款（第 80/1969 号政府公报第 864 页）。

〔3〕 被 2006 年 12 月 20 日第 06-23 号法律修正（第 84/2006 号政府公报第 11 页）。

间暂停执行。从主刑结束或者该罪犯释放之日起，有罪判决所确定的期间重新开始。

禁止进入国家领域，需要立即或者在监禁或徒刑期满后将被定罪的外国人驱逐出境。

外国人违反禁止居留措施的，处3个月至3年监禁和25 000第纳尔至300 000第纳尔罚金。

第14条[1]

在法律有规定的情形下，法院可以在宣告轻罪刑罚时，禁止被判刑人行使第9a-1条所指的一项或多项公民权利，其期间不超过5年。

该刑罚从剥夺自由结束或者罪犯释放之日起执行。

第15条[2]

没收是指将一项或多项特定财产（在不可能的情况下，为与其相应的价值）最终转归国家所有。

但是下列物品不受没收：

1. 被判刑人的配偶、一等直系尊亲属和一等直系卑亲属居住所必需的住宅用房，如果在发现犯罪时该房屋由他们实际居住并且其确实不是违法所得财产的；

2. 《民事诉讼法典》第378条第2款、第3款、第4款、第5款、第6款、第7款和第8款所提到的财产；

3. 供被判刑人的配偶、子女以及受赡养的尊亲属生活所必需的收入。

第15a条（废止）[3]

---

　　[1] 被2006年12月20日第06-23号法律修正（第84/2006号政府公报第12页）。

　　[2] 被2006年12月20日第06-23号法律修正（第84/2006号政府公报第12页）；被1990年7月14日第90-15号法律修正（第29/1990号政府公报第821页）；第1款被1975年6月17日第75-47号法令新增（第53/1975号政府公报第612页）。

　　[3] 被2006年12月20日第06-23号法律新增（第84/2006号政府公报第24页）；被1990年7月14日第90-15号法律新增（第29/1990号政府公报第822页）。

第 15a-1 条[1]

在认定构成重罪的案件中,法院应当命令没收用于或打算用于实施犯罪的物品、犯罪所生之物品以及用于酬谢犯罪人的礼物或其他利益,但保留善意第三人的权利。

在认定构成轻罪或违警罪的案件中,在法律明确规定没收刑罚并且保留善意第三人权利的情形下,应当命令没收前款所指的物品。

第 15a-2 条[2]

本人未因导致没收的行为被起诉或定罪并且其对应没收物品的所有权或占有是正常和合法的,视为善意第三人。

第 16 条[3]

对生产、使用、携带、持有或者出售该物品构成犯罪的物品,或者被法律或条例认定为危险或有害的物品,应当宣告没收。

在这种情形下,没收作为保安处分适用并且不受对公诉做出何种决定的影响。

第 16a 条[4]

当法院认定所犯罪行与从事职业或活动有直接关系并且允许其继续从事存在危险时,可以对被认定构成重罪或轻罪的人宣告禁止从事某一职业或活动。

在重罪案件中,该禁止的期间最长不超过 10 年;在轻罪案件中,最长不超过 5 年。

该禁止可被命令临时执行。

---

[1] 被 2006 年 12 月 20 日第 06-23 号法律新增(第 84/2006 号政府公报第 12 页)。

[2] 被 2006 年 12 月 20 日第 06-23 号法律新增(第 84/2006 号政府公报第 12 页)。

[3] 被 2006 年 12 月 20 日第 06-23 号法律修正(第 84/2006 号政府公报第 12 页)。

[4] 被 2006 年 12 月 20 日第 06-23 号法律新增(第 84/2006 号政府公报第 12 页)。

第 16a-1 条〔1〕

关闭场所的刑罚,是指禁止被定罪人在犯罪被实施的场所内从事活动。

该刑罚可以是永久的或有特定期间。在有特定期间时,对重罪案件的期间最长不超过 10 年,对轻罪案件的期间最长不超过 5 年。

该禁止可被命令临时执行。

第 16a-2 条〔2〕

排斥参与公共采购的刑罚,是指禁止直接或间接参与任何公共采购。期间为永久或有特定期间。在有特定期间时,对重罪案件的期间最长不超过 10 年,对轻罪案件的期间最长不超过 5 年。

该禁止可被命令临时执行。

第 16a-3 条〔3〕

禁止签发支票和/或使用支付卡的刑罚,是指命令被定罪人向颁发支票的金融机构交还由其本人或者代理人持有的样票和卡片。

但是该禁止不适用于出票人允许从付款人处提款的支票或者被保付的支票。

对重罪案件而言该禁止的期间最长不超过 10 年,对轻罪案件而言最长不超过 5 年。

该禁止可被命令临时执行。

被定罪人违反对其判处的禁止,签发一张或多张支票和/或使用支付卡的,在不影响适用本法第 374 条规定的刑罚适用的情况下,处 1 年至 5 年监禁和 100 000 第纳尔至 500 000 第纳尔罚金。

---

〔1〕 被 2006 年 12 月 20 日第 06-23 号法律新增(第 84/2006 号政府公报第 12 页)。

〔2〕 被 2006 年 12 月 20 日第 06-23 号法律新增(第 84/2006 号政府公报第 12 页)。

〔3〕 被 2006 年 12 月 20 日第 06-23 号法律新增(第 84/2006 号政府公报第 12 页)。

第16a–4条[1]

在不影响《道路交通法典》所规定措施的情况下，法院可以命令吊销、暂扣驾照或撤销驾照并禁止申请新驾照。

暂扣或者吊销的期间，从定罪判决之日起不超过5年。

该禁止可被命令临时执行。

该决定通知主管行政机关。

第16a–5条[2]

对构成重罪或者轻罪的案件，法院可以决定在自判决宣告之日起不超过5年的期间内吊销护照。

该处分可被命令临时执行。

该决定通知内务部。

第16a–6条[3]

被判刑人违反在本法第9a–1条、第16 a条、第16a–1条、第16a–2条、第16a–4条、第16a–5条规定的附加刑的适用中其所负的义务的，处3个月至3年监禁和25 000第纳尔至300 000第纳尔罚金。

第17条

禁止法人继续从事其社会活动，意味着即使其以其他名义或与其他董事、管理人或经理一起，也不能继续进行该活动。需要清算法人的财产时，善意第三人的权利受保护。

第18条[4]

在法律有规定的情形下，审理法院可以命令将其有罪判决的全

---

[1] 被2006年12月20日第06–23号法律新增（第84/2006号政府公报第13页）。

[2] 被2006年12月20日第06–23号法律新增（第84/2006号政府公报第13页）。

[3] 被2006年12月20日第06–23号法律新增（第84/2006号政府公报第13页）。

[4] 被2006年12月20日第06–23号法律修正（第84/2006号政府公报第13页）。

文或摘录公布在其指定的一种或多种报纸上或者张贴在其指定的地方，所有费用均由被判刑人承担，但公布费用不得超过该有罪裁判为此目的所确定的金额，公布的持续时间也不能超过 1 个月。

移除、隐匿或者全部或部分撕毁根据前款规定所张贴的公告的，处 3 个月至 2 年监禁和 25 000 第纳尔至 200 000 第纳尔罚金。判决将被再次下令执行张贴，费用由行为人承担。

第 1A 编　适用于法人的刑罚[1]

第 18a 条[2]

在重罪和轻罪中，适用于法人的刑罚是：

1. 罚金，其比率为对自然人犯该罪时所处罚金的法定上限的 1 倍至 5 倍。

2. 下列一项或者多项附加刑：

——解散法人；

——关闭法人的场所或其某一附属机构，期间不得超过 5 年；

——排斥参与公共采购，期间不得超过 5 年；

——禁止直接或间接从事一项或多项职业或者社会活动，期间是永久或者最长不超过 5 年；

——法院命令没收用于实施犯罪的物品或者犯罪所生的物品；

——公布或者张贴有罪判决；

——在司法监督之下从事导致其犯罪的或者与所实施的犯罪有关的活动，期间不超过 5 年。

第 18a-1 条

在违警罪中，适用于法人的刑罚是：

罚金，其比率为对自然人犯该罪时所处罚金的法定上限的 1 倍

---

[1] 根据 2004 年 11 月 10 日第 04-15 号法律在第 1 卷中新增第 1A 编（第 71/2004 号政府公报第 7 页）。

[2] 被 2006 年 12 月 20 日第 06-23 号法律修正（第 84/2006 号政府公报第 13 页）；被 2004 年 11 月 10 日第 04-15 号法律新增（第 71/2004 号政府公报第 7 页）。

至 5 倍。

此外，可以命令没收用于实施犯罪的物品或者犯罪所生的物品。

第 18a-2 条[1]

在法律没有对自然人犯某一重罪或轻罪规定罚金的情况下，如果依据第 51a 条的规定追究法人的刑事责任的，对该法人适用罚金处刑法定比率时的罚金上限规定如下：

——如果该重罪可处死刑或者无期徒刑的，为 2 000 000 第纳尔；

——如果该重罪可处有期徒刑的，为 1 000 000 第纳尔；

——如果为轻罪的，为 500 000 第纳尔。

第 18a-3 条[2]

当对法人宣判第 18a 条规定的一项或多项附加刑时，自然人违反其由此产生的义务的，处 1 年至 5 年监禁和 100 000 第纳尔至 500 000 第纳尔罚金。

根据第 51a 条规定的条件，法人也可能被宣告对上述罪行承担刑事责任。然后根据第 18a 条规定的方式对其处以罚金。

第 2 编　保安处分[3]

第 19 条[4]

保安处分是：

1. 司法收容于精神病院；

---

[1] 被 2006 年 12 月 20 日第 06-23 号法律新增（第 84/2006 号政府公报第 13 页）。

[2] 被 2006 年 12 月 20 日第 06-23 号法律新增（第 84/2006 号政府公报第 13 页）。

[3] 被 2006 年 12 月 20 日第 06-23 号法律修正（第 84/2006 号政府公报第 13 页）。

[4] 被 2006 年 12 月 20 日第 06-23 号法律修正（第 84/2006 号政府公报第 13 页）。

2. 司法安置于治疗机构。

第 20 条（废止）[1]

第 21 条[2]

司法收容于精神病院，是指根据司法命令、判决或裁定，将犯罪之时或之后存在精神能力障碍的个人收容于适当的机构中。

可以通过有罪科刑、免除刑罚、宣告无罪、不起诉的命令、判决、裁定做出收容决定。但在宣告无罪、不起诉的情况下，只有证实被告人或者被指控人实际参与了所指控行为，才能做出决定。

在做出收容决定之前，必须通过医疗鉴定对该个人的精神能力障碍予以证明。

被收容于精神病院的人必须遵守现行法律规定的强制住院治疗制度。但是，总检察长仍然负责后续的提起公诉事宜。

第 22 条[3]

司法安置于治疗机构，是指如果认为当事人的犯罪行为看起来与其药物瘾癖有关，根据其所被送交的法院做出的司法命令、判决或裁定，将该患有酒精、麻醉药品、精神药品所致的习惯性药物瘾癖的个人安置于适当的机构中置于监督之下。

可以根据第 21 条第 2 款规定的条件命令进行这种安置。

司法安置于治疗机构，可以根据当事人危险状态的变化以及现行法律、条例规定的程序和方式进行变更。

第 23 条（废止）[4]

---

〔1〕 被 2006 年 12 月 20 日第 06-23 号法律新增（第 84/2006 号政府公报第 24 页）。

〔2〕 被 2006 年 12 月 20 日第 06-23 号法律修正（第 84/2006 号政府公报第 13 页）；被 1982 年 2 月 13 日第 82-04 号法律修正（第 07/1982 号政府公报第 206 页）。

〔3〕 被 2006 年 12 月 20 日第 06-23 号法律修正（第 84/2006 号政府公报第 13 页）。

〔4〕 被 2006 年 12 月 20 日第 06-23 号法律废止（第 84/2006 号政府公报第 24 页）。

第 24 条 （废止）〔1〕

第 25 条 （废止）〔2〕

第 26 条 （废止）〔3〕

第 2 卷 可罚的行为与行为人

第 1 编 犯　　罪

第 1 章　犯罪的分类

第 27 条

根据严重程度，犯罪分类为重罪、轻罪或者违警罪，并处以重罪刑罚、轻罪刑罚或者违警罪刑罚。

第 28 条

具有刑罚减轻事由或者被定罪人存在累犯状态时，不改变犯罪的分类，法官宣告通常适用于另一类犯罪的刑罚。

第 29 条

由于加重情节法律规定了通常适用于较重的犯罪分类的刑罚时，则该犯罪的分类被修改。

---

〔1〕 被 2006 年 12 月 20 日第 06-23 号法律新增（第 84/2006 号政府公报第 24 页）。

〔2〕 被 2006 年 12 月 20 日第 06-23 号法律新增（第 84/2006 号政府公报第 24 页）。

〔3〕 被 2006 年 12 月 20 日第 06-23 号法律新增（第 84/2006 号政府公报第 24 页）。

第 2 章　未　遂

第 30 条

重罪的未遂，同样视为重罪。未遂，是指着手实行或者实施趋向于直接实施犯罪的明确行为，仅仅因为行为人意志以外的情况（即便是因为行为人所疏忽的实际情况导致所追求的目的未能实现），导致其停止或者没有发生结果。

第 31 条

轻罪的未遂，只有在法律有明确规定的情况下才能处罚。
违警罪的未遂，不罚。

第 3 章　并合罪

第 32 条

一个行为符合数个犯罪的构成要件的，应当按照其中最严重的犯罪进行评价。

第 33 条

同时或者连续实施数个犯罪，如果没有被分开做出不可撤销的有罪判决的，构成并合罪。

第 34 条

在同时提交给同一法庭的数个重罪或者轻罪并合的情况下，应当宣告一个剥夺自由刑，其期间不能超过最重犯罪法定刑的上限。

第 35 条

在由于多次起诉被宣告多个剥夺自由刑时，仅执行最重的刑罚。但如果所判处的刑罚性质相同的，法官可以通过说明理由的决定，在最重犯罪法定刑的上限内命令将刑罚予以全部或部分累加。

第 36 条

罚金刑予以累加，除非法官根据明确的规定另有不同决定。

第 37 条

在数个重罪或者轻罪并合的情况下,从刑和保安处分可以累加。对其性质不允许同时执行的保安处分,按照收容机构和治疗机构的顺序执行。

第 38 条

在违警罪情况下,刑罚应当予以累加。

第 4 章 正当行为

第 39 条

在下列情形下没有犯罪:

1. 基于法律的命令或者授权的行为;
2. 在对自己或他人或者属于自己或他人的财产进行正当防卫的现实必要性支配下的行为,只要其防卫与侵害的严重性相称。

第 40 条

下列情形视为具有正当防卫的现实必要性:

1. 在击退对人的生命或身体完整的侵害或者在夜间击退对有人居住的房屋、公寓或其附属建筑物的围栏、墙壁、入口的攀爬或破坏时,实施杀人、伤害或者殴打的;
2. 在针对盗窃或暴力抢劫行为人防卫自己或者防卫他人时实施的行为。

第 2 编 犯罪人

第 1 章 犯罪参与人

第 41 条[1]

正犯,是指所有直接参与实行犯罪的人,以及所有以礼物、承诺、

---

[1] 被 1982 年 2 月 13 日第 82-04 号法律修正(第 07/1982 号政府公报第 207 页)。

威胁、滥用权威和权力、圈套或者有过错的诡计教唆该行为的人。

第 42 条[1]

共犯，是指在知情的情况下，对正犯予以任何工具帮助或者协助正犯在准备犯罪、便利犯罪、完成犯罪活动中的行为，但没有直接参与犯罪的人。

第 43 条

在明知对方犯罪行为的情况下，惯常地为一名或多名实施危害国家安全、公共安宁、人身或财产的土匪行为或暴力的犯罪分子提供住宿、隐匿地点或者聚会场所的人，视同共犯。

第 44 条

对重罪或者轻罪的共犯，处以对该重罪或者轻罪所规定的刑罚。犯罪或轻罪的共犯应受到该犯罪或轻罪的处罚。

导致刑罚加重、减轻或者免除的个人情节，只对与之相关的单个参与人有效力。

加重或者减轻犯罪参与人刑罚的犯罪固有的客观情节，根据参与人是否对之存在明知，决定对其是否具有不利或者有利的效力。

违警罪中的共犯关系，不罚。

第 45 条

导致因为个人状态或者身份不应受处罚的人实施犯罪的人，应处对该犯罪规定的刑罚。

第 46 条

如果所计划的犯罪没有实施并非只是因为原来将要实施犯罪的人的自愿放弃的，对教唆人仍处以对该犯罪规定的刑罚。

第 2 章　刑事责任

第 47 条

在不影响第 21 条第 2 款规定的情况下，在犯罪时处于精神错乱

---

[1] 被 1982 年 2 月 13 日第 82-04 号法律修正（第 07/1982 号政府公报第 207 页）。

状态的人，不处罚。

第 48 条

受其不能抗拒的武力的强迫而实施犯罪的，不处罚。

第 49 条〔1〕

不满 10 周岁的未成年人，不能成为刑事追诉的对象。

已满 10 周岁不满 13 周岁的未成年人，只能成为保护或者治疗处分的对象。但是在违警罪案件中，只能处以训诫。

13 周岁至 18 周岁的未成年人，可以成为保护或康复处分的对象，或者减轻刑罚的对象。

第 50 条

如果决定 13 周岁至 18 周岁的未成年人应当成为刑事定罪的对象，则应当宣告的刑罚如下：

——如果应处死刑或者无期徒刑的，处 10 年至 20 年监禁；

——如果应处有期徒刑或者监禁的，处监禁，期间为假如其已成年应判处期间的 1/2。

第 51 条

在违警罪案件中，13 周岁至 18 周岁的未成年人可受到训诫或者被判处罚金。

第 51a 条〔2〕

除国家、地方当局和公法人外，在法律有规定的情况下，法人对由其机关或者法定代表人为其利益所实施的犯罪，承担刑事责任。

法人的刑事责任，不排除作为同一行为的正犯或者共犯的自然人的刑事责任。

---

〔1〕 被 2014 年 2 月 4 日第 14-01 号法律修正（第 07/2014 号政府公报第 4 页）。

〔2〕 被 2004 年 11 月 10 日第 04-15 号法律新增（第 71 号政府公报第 8 页）。

第3章　刑罚个别化

第1节　刑罚免除或者减轻的条件

第52条

刑罚免除或者减轻的条件，是指在犯罪和责任的效力继续存在的同时，使犯罪人在免除的情况下不受处罚或者在减轻的情况下刑罚减轻的由法律严格规定的事实。

但是在免除刑罚的情况下，法官可以对被免除刑罚的人适用保安处分。

第2节　减轻情节

第53条[1]

在对其有利的减轻情节被考虑的情况下，对被证明有罪的自然人规定的刑罚可以减轻为：

1. 如果犯罪可处死刑的，为10年徒刑；
2. 如果犯罪可处无期徒刑的，为5年徒刑；
3. 如果犯罪可处20年至30年徒刑的，为5年徒刑；
4. 如果犯罪可处10年至20年徒刑的，为3年监禁；
5. 如果犯罪可处5年至10年徒刑的，为1年监禁。

第53a条[2]

在对累犯适用加重的刑罚时，减轻情节所致的减轻将与法律规定的新的刑罚上限关联。

如果新的剥夺自由刑为20年至30年徒刑，减轻后的刑罚的下限不得少于5年徒刑。

---

[1] 被1975年6月17日第75-47号法令修正（第53/1975号政府公报第612页）；被1982年2月13日第82-04号法律修正（第07/1982号政府公报第207页）；被2006年12月20日第06-23号法律修正（第84/2006号政府公报第24页）；被2021年12月28日第21-14号法令修正（第99/2021号政府公报第10页）。

[2] 被2006年12月20日第06-23号法律新增（第84号政府公报第14页）；被2021年12月28日第21-14号法令修正（第99/2021号政府公报第10页）。

如果新的剥夺自由刑为5年至20年徒刑，减轻后的刑罚的下限不得少于3年监禁。

第53a-1条[1]

在犯罪可处死刑或者无期徒刑并且可对犯罪人适用减轻的剥夺自由刑时，如果犯罪人有下文第53a-5条所指的犯罪前科的，还可处宣告罚金，在第一种情形下为1 000 000第纳尔至2 000 000第纳尔；在第二种情形下为500 000第纳尔至1 000 000第纳尔。

在犯罪可处有期徒刑并且可对犯罪人适用减轻的剥夺自由刑时，对该有犯罪前科的犯罪人同时也可处100 000第纳尔至1 000 000第纳尔罚金。

如果罚金已被规定与徒刑并科的，该罚金也必须对犯罪人宣告。

第53a-2条[2]

在重罪案件中，无论最初是否对之有规定，罚金不能单独判处，而且总是在法律规定的幅度内判处。

第53a-3条[3]

对重罪判处减轻后的刑罚监禁，不妨碍宣告禁止行使本法第9a-1条所指的一项或多项权利。

也可以根据本法第12条和第13条规定的条件，宣告禁止居留。

第53a-4条[4]

在轻罪案件中，如果法律规定的刑罚是监禁和/或罚金，并且对没有犯罪记录的自然人有利的减轻情节被考虑的情况下，监禁可减至2个月，罚金可减至20 000第纳尔。

可以单独判处这两种刑罚中的任何一种，但不能低于法律对所实施犯罪规定的刑罚的下限。

如果只对该犯罪规定了监禁刑的，可以罚金替代监禁，但不得

---

[1] 被2006年12月20日第06-23号法律新增（第84号政府公报第14页）。
[2] 被2006年12月20日第06-23号法律新增（第84号政府公报第14页）。
[3] 被2006年12月20日第06-23号法律新增（第84号政府公报第14页）。
[4] 被2006年12月20日第06-23号法律新增（第84号政府公报第14页）。

少于20 000第纳尔并不得超过500 000第纳尔。如果被告人有第53a-5条所指的犯罪前科的,监禁和罚金不得低于法律对所实施的故意犯罪规定的下限;在规定应当并科时二者都应当宣告。在任何情况下,罚金都不能被替代为监禁。

第53a-5条[1]

在不影响累犯规则适用的情况下,自然人因普通法律中的重罪或轻罪而被判处剥夺自由刑(无论是否被缓刑)的,视为有犯罪前科。

第53a-6条[2]

在违警罪案件中,如果减轻情节被认可的,法律对自然人规定刑罚只能减至其下限。

但在规定监禁和罚金并科的情况下,如果被定罪人不是累犯的,可以单处监禁或者罚金,并且总是在法律规定的幅度内判处。

第53a-7条[3]

即使只是法人应负刑事责任,法人也能受益于减轻情节。

如果减轻情节被认可的,适用于法人的罚金可被减至法律对犯该犯罪的自然人所规定的下限。

但如果法人有下文第53a-8条所指的犯罪前科的,减轻后的罚金不得低于法律对犯该犯罪的自然人所规定的罚金的上限。

第53a-8条[4]

在不影响累犯规则适用的情况下,法人因普通法律中的犯罪而被最终确定判处罚金(无论是否被缓刑)的,视为有犯罪前科。

---

[1] 被2006年12月20日第06-23号法律新增(第84号政府公报第14页)。
[2] 被2006年12月20日第06-23号法律新增(第84号政府公报第14页)。
[3] 被2006年12月20日第06-23号法律新增(第84号政府公报第14页)。
[4] 被2006年12月20日第06-23号法律新增(第84号政府公报第14页)。

第 3 节 累 犯

第 54 条（废止）[1]

第 54a 条[2]

曾经因重罪或者法定最高刑超过 5 年监禁的轻罪被最终确定判决有罪的自然人，再实施重罪的，如果法律对该重罪规定的最高刑为 30 年徒刑的，则应处的最高刑为无期徒刑。如果法律对该重罪规定的最高刑为 20 年徒刑的，则应处的最高刑为 30 年徒刑。

如果法律对该重罪规定的最高刑等于或者低于 10 年徒刑的，则应处的最高刑增加 1 倍。

此外，所处的罚金的上限也增加 1 倍。

第 54a-1 条[3]

曾经因重罪或者法定最高刑超过 5 年监禁的轻罪被最终确定判决有罪的自然人，在先前的刑罚期满之时起的 10 年期间内，再实施可处相同刑罚的轻罪的，对该轻罪所处的监禁和罚金的上限应当增加 1 倍。如果法律对该轻罪规定的最高刑超过 10 年监禁的，则该剥夺自由刑的上限增加到 20 年监禁。如果法律对该轻罪规定的最高刑为 20 年监禁的，则最低刑增加 1 倍。

对被定罪人还应处本法第 9 条规定的一项或者多项附加刑。

第 54a-2 条[4]

曾经因重罪或者法定最高刑超过 5 年监禁的轻罪被最终确定判决有罪的自然人，在先前的刑罚期满之时起的 5 年期间内，再实施最高刑等于或者低于 5 年徒刑的轻罪的，对该轻罪所处的监禁和罚金的上限应当增加 1 倍。

---

[1] 被 2006 年 12 月 20 日第 06-23 号法律新增（第 84/2006 号政府公报第 24 页）；被 1982 年 2 月 13 日第 82-04 号法律修正（第 07/1982 号政府公报第 207 页）。

[2] 被 2006 年 12 月 20 日第 06-23 号法律新增（第 84 号政府公报第 15 页）；被 2021 年 12 月 28 日第 21-14 号法令修正（第 99/2021 号政府公报第 10 页）。

[3] 被 2006 年 12 月 20 日第 06-23 号法律新增（第 84 号政府公报第 15 页）。

[4] 被 2006 年 12 月 20 日第 06-23 号法律新增（第 84 号政府公报第 15 页）。

对被定罪人还可处本法第 9 条规定的一项或者多项附加刑。

第 54a-3 条[1]

曾经因轻罪被最终确定判决有罪的自然人，在先前的刑罚期满之时起的 5 年期间内，再实施相同的轻罪或者根据累犯规则视为同类的轻罪的，对该轻罪所处的监禁和罚金的上限应当增加 1 倍。

第 54a-4 条[2]

曾经因违警罪被最终确定判决有罪的自然人，在先前的刑罚期满之时起的 1 年期间内，再实施相同的违警罪的，处以本法第 445 条和第 465 条规定的对累犯的加重刑罚。

第 54a-5 条[3]

曾经因重罪或者对自然人的法定罚金上限超过 500 000 第纳尔的轻罪被最终确定判决有罪的法人，再对重罪承担刑事责任的，可处罚金的比率上限为对该重罪法定比率上限的 10 倍。

该法人构成累犯，但该重罪没有对自然人规定罚金时，如果该重罪可处死刑或者无期徒刑的，适用于法人的罚金的上限为 20 000 000 第纳尔；如果该重罪可处有期徒刑的，适用于法人的罚金的上限为 10 000 000 第纳尔。

第 54a-6 条[4]

曾经因重罪或者对自然人的法定罚金上限超过 500 000 第纳尔的轻罪被最终确定判决有罪的法人，在先前的刑罚届满之时起的 10 年期间内，再对可处相同刑罚的轻罪承担刑事责任的，可处罚金的比率上限为对该轻罪法定比率上限的 10 倍。

该法人构成累犯，但该轻罪没有对自然人规定罚金的，适用于法人的罚金的上限为 10 000 000 第纳尔。

---

[1] 被 2006 年 12 月 20 日第 06-23 号法律新增（第 84 号政府公报第 15 页）
[2] 被 2006 年 12 月 20 日第 06-23 号法律新增（第 84 号政府公报第 15 页）
[3] 被 2006 年 12 月 20 日第 06-23 号法律新增（第 84 号政府公报第 15 页）
[4] 被 2006 年 12 月 20 日第 06-23 号法律新增（第 84 号政府公报第 15 页）。

第 54a-7 条[1]

曾经因重罪或者对自然人的法定罚金上限超过 500 000 第纳尔的轻罪被最终确定判决有罪的法人,在先前的刑罚届满之时起的 5 年期间内,再对针对自然人的罚金上限等于或者低于 500 000 第纳尔的轻罪承担刑事责任的,可处罚金的比率上限为对该轻罪法定比率上限的 10 倍。

该法人构成累犯,但该轻罪没有对自然人规定罚金的,适用于法人的罚金的上限为 5 000 000 第纳尔。

第 54a-8 条[2]

曾经因轻罪被最终确定判决有罪的法人,在先前的刑罚届满之时起的 5 年期间内,再对相同的轻罪或者根据累犯规则视为同类的轻罪承担刑事责任的,可处罚金的比率上限为对该轻罪对自然人的法定比率上限的 10 倍。

该法人构成累犯,但该轻罪没有对自然人规定罚金的,适用于法人的罚金的上限为 5 000 000 第纳尔。

第 54a-9 条[3]

曾经因违警罪被最终确定判决有罪的法人,在先前的刑罚届满之时起的 1 年期间内,再对相同的违警罪承担刑事责任的,可处罚金的比率上限为对该违警罪对自然人的法定比率上限的 10 倍。

第 54a-10 条[4]

如果累犯状态未在追诉程序中被提出的,法官有权依职权提出累犯状态。被告人拒绝就该加重情节接受审判的,适用《刑事诉讼法典》第 338 条第 3 款和第 4 款的规定。

---

[1] 被 2006 年 12 月 20 日第 06-23 号法律新增(第 84 号政府公报第 15 页)。

[2] 被 2006 年 12 月 20 日第 06-23 号法律新增(第 84 号政府公报第 16 页)。

[3] 被 2006 年 12 月 20 日第 06-23 号法律新增(第 84 号政府公报第 16 页)。

[4] 被 2006 年 12 月 20 日第 06-23 号法律新增(第 84/2006 号政府公报第 16 页)。

第 55 条（废止）[1]

第 56 条（废止）[2]

第 57 条[3]

对认定累犯而言，下列各项中所列的犯罪，视为同类犯罪：

1. 挪用公共资金或私人资金、盗窃、窝藏财产、诈骗、背信和腐败；
2. 滥用空白支票、签发或接受空头支票、伪造和使用伪造品；
3. 洗钱、欺诈性破产、滥用公司财产和敲诈；
4. 过失致人死亡、过失伤害、肇事逃逸和酒后驾驶；
5. 殴打和故意伤害、斗殴、胁迫、粗暴行为、叛乱；
6. 非暴力猥亵、公然猥亵、惯常地煽动放荡、协助他人卖淫和性骚扰。

第 58 条（废止）[4]

第 59 条

曾经被军事法庭判决有罪的人，后来再实施重罪或者轻罪的，除非第一次有罪判决是针对根据普通刑法可罚的重罪或者轻罪所宣告的，否则不应处以累犯的刑罚。

---

〔1〕 被 2006 年 12 月 20 日第 06-23 号法律新增（第 84/2006 号政府公报第 24 页）；被 1982 年 2 月 13 日第 82-04 号法律修正（第 07/1982 号政府公报第 207 页）。

〔2〕 被 2006 年 12 月 20 日第 06-23 号法律新增（第 84/2006 号政府公报第 24 页）；被 1982 年 2 月 13 日第 82-04 号法律修正（第 07/1982 号政府公报第 207 页）。

〔3〕 被第 1 款和第 2 款被 1975 年 6 月 17 日第 75-47 号法令新增（第 53/1975 号政府公报第 612 页）；被 1982 年 2 月 13 日第 82-04 号法律修正（第 07/1982 号政府公报第 207 页）；被 2006 年 12 月 20 日第 06-23 号法律修正（第 84/2006 号政府公报第 16 页）。

〔4〕 被 2006 年 12 月 20 日第 06-23 号法律新增（第 84/2006 号政府公报第 24 页）。

第 60 条 （废止）[1]

第 4 节　关押期[2]

第 60a 条[3]

关押期，是指在本条规定或者由法院确定的期间内，剥夺被判刑人享受与缓刑、安置于外部的工作场地或者开放环境、准许外出、半释放和假释有关规定的利益。

在针对被明确规定了关押期的犯罪宣告等于或者超过 10 年剥夺自由刑的有罪判决的案件中，适用安全期。

安全期的期间为所判处刑期的 1/2。在判处无期徒刑的情况下，为 20 年。

刑事法庭作出有关关押期的决定的，依照《刑事诉讼法典》第 309 条的规定进行。

对于法律未明确规定关押期的犯罪，法院在判处等于或超过 5 年剥夺自由刑时，可以确定被判刑人不能享受本条第 1 款所指的任何一种刑罚执行方式的利益。安全期的期间不能超过所处刑期的 2/3，在判处无期徒刑的情况下为 20 年。

第 60a-1 条[4]

除非赦免令另有决定，在关押期内给予减刑的，关押期缩短至与减刑期间相等的期间。

将无期徒刑减为 30 年徒刑的，关押期缩短至 10 年。

---

〔1〕 被 1975 年 6 月 17 日第 75-47 号法令修正（第 53/1975 号政府公报第 612 页）；被 1982 年 2 月 13 日第 82-04 号法律修正（第 07/1982 号政府公报第 207 页）；被 1989 年 4 月 25 日第 89-05 号法律废止（第 17/1989 号政府公报第 373 页）。

〔2〕 根据 2006 年 12 月 20 日第 06-23 号法律，在第 2 卷第 2 编第 3 章中新增第 4 节（第 84/2006 号政府公报第 16 页）。

〔3〕 被 2006 年 12 月 20 日第 06-23 号法律新增（第 84/2006 号政府公报第 16 页）；被 2014 年 2 月 4 日第 14-01 号法律修正（第 07/2014 号政府公报第 4 页）。

〔4〕 被 2006 年 12 月 20 日第 06-23 号法律新增（第 84/2006 号政府公报第 16 页）；被 2021 年 12 月 28 日第 21-14 号法令修正（第 99/2021 号政府公报第 10 页）。

第二部分 罪 名

第3卷 重罪、轻罪及其制裁

第1编 危害公共事务的重罪与轻罪

第1章 危害国家安全的重罪与轻罪

第1节 叛国罪和间谍罪

第61条[1]

阿尔及利亚人、为阿尔及利亚服务的军人或者海员，有下列行为之一的，构成叛国罪，处死刑：

1. 拿起武器反对阿尔及利亚；

2. 勾结外国国家，怂恿其对阿尔及利亚采取敌对行动，或者以便利外国军队进入阿尔及利亚领域、破坏陆海空军的忠诚度或以任何其他方式为其采取这种敌对行动提供帮助的；

3. 将阿尔及利亚的军队或者属于阿尔及利亚或用于其防务的领土、要塞城市、工程、哨所、军火库、装备、弹药、船舶、建筑物或航空器交付给外国国家或其代理人的；

4. 以损害国防为目的，毁灭或者破坏船舶、航空器、装备、供

---

[1] 被2006年12月20日第06-23号法律修正（第84/2006号政府公报第16页）。

应品、建筑物或者设施，或者出于同样的目的在完工之前或之后对它们造成可能损坏它们或导致事故的缺陷的。

第60a条的规定适用于本条规定的犯罪。

第62条

阿尔及利亚人、为阿尔及利亚服务的军人或者海员，在战时有下列行为之一的，构成叛国罪，处死刑：

1. 煽动军人或者海员为外国国家服务、为与阿尔及利亚交战的国家提供帮助或者募兵的；

2. 与外国国家或其代理人勾结，以便支持该国家对抗阿尔及利亚的计划的；

3. 妨碍军事物资的流通的；

4. 出于损害国防目的，明知地参与破坏军队或者国家士气的计划的。

第63条[1]

阿尔及利亚人有下列行为之一的，构成叛国罪，处死刑：

1. 以任何形式和任何手段向外国国家或其代理人交付为了国防或国民经济利益应当保密的情报、物品、文书或工艺流程的；

2. 以任何方式持有此类情报、物品、文书或者工艺流程，意图将其交付给外国国家或其代理人的；

3. 损毁或者容许损毁此类情报、物品、文书或工艺流程，意图帮助外国国家的。

第64条

外国人实施第61条第2款、第61条第3款、第61条第4款、第62条和第63条所指的行为之一的，构成间谍罪，处死刑。

煽动实施或者提议实施第61条、第62条和第63条所指的犯罪之一的，按这些犯罪处罚。

---

〔1〕被1975年6月17日第75-47号法令修正（第53/1975号政府公报第612页）。

第 2 节 对国防和国民经济的其他侵犯[1]

第 65 条[2]

意图提供给外国,收集其汇合和利用可能损害国防或国民经济的情报、物品、文书或工艺流程的,处无期徒刑。

第 66 条

因为其职务或者身份作为看守人或者保管人的人,针对为了国防利益应当保密或者明知可能导致国防秘密暴露的情报、物品、文书、工艺流程,实施下列行为,没有叛国或者间谍意图的,处 10 年至 20 年徒刑:

1. 毁灭、窃取、容许毁灭、容许窃取、复制或者容许复制的;
2. 让无资格的人或者公众知悉或者容许其被知悉的。

如果看守人或者保管人是因为笨拙失误、轻率不慎、缺乏注意、怠慢疏忽或者未遵守条例所为的,处 5 年至 10 年徒刑。

第 67 条

第 66 条所指的人以外的人,实施下列行为之一,没有叛国或者间谍意图的,处 5 年至 10 年徒刑:

1. 在无资格的情况下持有为了国防利益应当保密或者明知可能导致国防秘密暴露的情报、物品、文书、工艺流程的;
2. 毁灭、窃取、容许毁灭、容许窃取、复制或者容许复制此类情报、物品、文书、工艺流程的;
3. 让无资格的人或者公众知悉此类情报、物品、文书、工艺流程或者容许其被知悉,或者扩大其披露范围的。

第 68 条

在未经主管机关事先授权的情况下,向代表外国国家或外国公

---

[1] 第 2 节的标题被 1975 年 6 月 17 日第 75-47 号法令修正(第 53/1975 号政府公报第 612 页)。

[2] 被 1975 年 6 月 17 日第 75-47 号法令修正(第 53/1975 号政府公报第 612 页)。

司行事的人交付或者告知关涉国防的发明、与此类发明有关的情报、设计图、制造工艺或者关涉国防的工业应用的，处10年至20年徒刑。

第69条

在无叛国或间谍意图的情况下，让无资格的人或者公众知悉主管机关尚未公开的军事信息，而且这些信息的披露显然可能会危害国防的，处1年至5年监禁。

第70条

有下列情形之一的，处10年至20年徒刑：

1. 以伪装、假名或者隐瞒身份或国籍的方式，进入堡垒、工程、哨所或军火库，或者进入军队的工事、营房、露营地或野营地，或者进入战舰或用于国防的商用船舶，或者进入航空器或武装军用车辆，或者进入任何种类的军事或海事设施，或者进入涉及国防的设施或建筑工地的；

2. 以隐秘的方式组织可能危害国防的通信或远程传输手段的，即使没有伪装，没有隐瞒其姓名、身份或国籍也不例外；

3. 在未经外交公约授权或者阿尔及利亚当局许可的情况下，乘坐外国航空器飞越阿尔及利亚领域的；

4. 在军事或海事当局确定的禁区内，未经军事或海事当局授权，在场所、工程、哨所、军事和海事设施或者与国防有关的设施之内或周围，进行绘图、拍照、测量或地形作业的；

5. 无视法令规定的禁止，停留在防御工事或者军事或海事设施周围的规定半径以内的；

6. 将与为查明和逮捕本章第1节和第2节中规定的重罪或轻罪的正犯和共犯所采取的措施、起诉和调查的进展或者初审法院的法庭辩论有关的信息告知无资格的人或者公开的。

但如果是在和平时期实施的，对上述第3项、第4项和第6项规定的犯罪的行为人，处1年至5年监禁和3000第纳尔至70 000第纳尔罚金。

第 71 条

有下列情形之一的，处 10 年至 20 年徒刑：

1. 以未经政府批准的敌对行为使阿尔及利亚面临宣战危险的；

2. 通过未经政府批准的行为使阿尔及利亚人面临遭受报复危险的；

3. 与外国国家的代理人勾结，可能危害阿尔及利亚的军事或外交处境或者基本经济利益的。

第 72 条

在战时有下列行为之一的，处 10 年至 20 年徒刑：

1. 在未经政府授权的情况下，与敌国的国民或代理人保持通信或关系的；

2. 无视颁布的禁令，直接或通过中介与敌国的国民或代理人通商的。

第 73 条

在战时明知地实施其他条文没有规定和处罚的危害国防的行为的，处 1 年至 5 年监禁和 3000 第纳尔至 30 000 第纳尔罚金。

第 74 条

以危害国防为目的，在和平时期妨碍军事物资流通，或者以任何方式煽动、促成或组织以这种妨碍为目的或结果的暴力或集中行动的，处 5 年至 10 年徒刑。

第 75 条

在和平时期意图危害国防而明知地参与破坏军队士气的计划的，处 5 年至 10 年徒刑。

第 76 条[1]

在和平时期代表外国国家在阿尔及利亚领域内招募志愿军或者

---

[1] 被 1982 年 2 月 13 日第 82-04 号法律修正（第 07/1982 号政府公报第 207 页）。

雇佣军的，处2年至10年徒刑和10 000第纳尔至100 000第纳尔罚金。

第3节 侵犯国家权力和国家领域完整的袭击、共谋和其他犯罪

第77条〔1〕

意图推翻或者变更政体，煽动公民或居民武装反对国家权威或者武装自己彼此敌对，或者破坏国家领域完整的，处死刑。

只有已实行或者达到未遂，才可构成袭击。

第60a条的规定适用于本条规定的犯罪。

第78条

以第77条所指犯罪为目的共谋，如果随后实施行为或开始准备实行该行为的，处10年至20年徒刑。

如果该共谋没有随后实施行为或开始准备实行该行为的，处5年至10年徒刑。

两个或者更多人之间就行为进行协商并达成一致的决意，即存在共谋。

如果提出实施第77条所指犯罪的建议但未获形成共谋的同意的，对建议提出者，处1年至10年监禁和3000第纳尔至70 000第纳尔罚金。犯罪人也可被全部或者部分禁止行使本法典第14条所指的权利。

第79条〔2〕

除第77条和第78条规定的情况外，以任何方式着手破坏国家领土的完整的，处1年至10年监禁和3000第纳尔至70 000第纳尔罚金。对其也可处剥夺本法典第14条所指的权利。

---

〔1〕 被1975年6月17日第75-47号法令修正（第53/1975号政府公报第612页）；被2006年12月20日第06-23号法律修正（第84/2006号政府公报第17页）。

〔2〕 被1975年6月17日第75-47号法令修正（第53/1975号政府公报第613页）。

第 80 条[1]

在没有合法机构的命令或者授权的情况下，召集武装部队、促使召集武装部队、雇用或招募士兵、促使雇用或招募士兵或者向他们提供武器弹药的，处死刑。

第 81 条[2]

在没有权力或者正当理由的情况下，以下列方式负责军事指挥的，处死刑：

——违反政府命令保留这种指挥权的；
——指挥官在被命令解雇或者离职之后集结军队或部队的。

第 82 条（废止）[3]

第 83 条

有权力部署公共力量的人，请求或命令、促使请求或命令进行妨碍执行有关征兵或动员的法律的行动或工作的，处 10 年至 20 年徒刑。

如果该请求或命令已被执行的，则对该犯罪人处无期徒刑。

第 4 节 以大屠杀或者破坏紊乱国家罪

第 84 条

发动意图在一个或多个市镇造成大屠杀或破坏的袭击的，处死刑。

只有已实行或者达到未遂，才可构成袭击。

第 85 条

以第 84 条所指犯罪为目的共谋，如果随后实施行为或开始准备

---

[1] 被 1975 年 6 月 17 日第 75-47 号法令修正（第 53/1975 号政府公报第 613 页）。

[2] 被 1975 年 6 月 17 日第 75-47 号法令修正（第 53/1975 号政府公报第 613 页）。

[3] 被 1975 年 6 月 17 日第 75-47 号法令废止（第 53/1975 号政府公报第 613 页）。

实行该行为的，处无期徒刑。

如果该共谋没有随后实施行为或开始准备实行该行为的，处 10 年至 20 年徒刑。

两个或者更多人之间就行为进行协商并达成一致的决意，即存在共谋。

如果提出实施第 84 条所指犯罪的建议但未获形成共谋的同意的，对建议提出者，处 5 年至 10 年徒刑。

第 86 条

意图通过第 77 条和第 84 条规定的重罪、侵入、抢劫或瓜分公共或私人财产、袭击或抵抗对这些重罪的正犯采取行动的公共力量来紊乱国家，领导武装团伙或者在其中担任职务或指挥的，处死刑。

操纵、组建或促使组建、组织或促使组织团伙，或者明知和故意地提供或获取给养、武器、弹药和犯罪工具或发送物资，或者以任何其他方法实施与团伙的操纵者或指挥者勾结的，处以相同的刑罚。

第 87 条

个人参加团伙但没有在其中担任指挥或者职位的，处 10 年至 20 年徒刑。

第 4a 节　视为恐怖主义或者颠覆行为的犯罪〔1〕

第 87 a 条〔2〕

出于下列目的，针对国家安全、国家统一稳定和国家政体的正常运作的任何行为，都被视为恐怖主义行为或者颠覆行为：

——通过对人造成精神或身体伤害，危及他们的生命、自由、安全或者破坏他们的财产，在民众中散播恐惧并制造不安全气氛的；

——阻碍道路的交通或行动自由和通过聚集占据公共场所的；

---

〔1〕 根据 1995 年 2 月 25 日第 95-11 号法令新增（第 11/1995 号政府公报第 7 页），在第 3 卷第 1 编第 1 章新增第 4a 节。

〔2〕 被 2014 年 2 月 4 日第 14-01 号法律修正（第 07/2014 号政府公报第 5 页）；被 2021 年 6 月 8 日第 21-08 号法令修正（第 45/2021 号政府公报第 7 页）。

——侵犯民族和共和国的象征和亵渎坟墓的；

——破坏通信和交通工具、公共和私人财产、对它们进行占有或不正当地占用的；

——破坏环境或者将可能危及人类或动物健康或自然环境的物质输入大气、地表、底土或水域（包括领海水域）的；

——阻碍公共当局的行动、宗教信仰自由和公众自由的行使以及致力于公用事业的机构的运作的；

——妨碍公共机构的运作、损害其代理人的生命财产或者妨碍法律条例的适用的；

——劫持航空器、船舶或者任何其他交通工具的；

——破坏空中、海上或者陆地导航设施的；

——毁灭或者破坏通信工具的；

——劫持人质的；

——使用爆炸物或者生物的、化学的、核的或放射性的材料进行袭击的；

——资助恐怖分子或者恐怖组织的；

——以任何方式力图或者煽动以违宪方式获得权力或者改变国家管理制度的；

——以任何方式破坏或者煽动破坏国家领域的完整的。

第 87a-1 条[1]

对前述第 87a 条所指的行为，所处的刑罚是：

——如果法定刑是无期徒刑的，处死刑；

——如果法定刑是 10 年至 20 年徒刑的，处无期徒刑；

——如果法定刑是 5 年至 10 年徒刑的，处 10 年至 20 年徒刑；

——如果是上述以外的刑罚的，加倍处刑。

第 60a 条的规定适用于本条规定的犯罪。

---

〔1〕 被 1995 年 2 月 25 日第 95-11 号法令新增（第 11/1995 号政府公报第 7 页）；被 2006 年 12 月 20 日第 06-23 号法律修正（第 84/2006 号政府公报第 17 页）。

第 87a-2 条

对不属于前述第 87a 条规定各类型范围的行为，如果其与恐怖主义和颠覆有关的，刑法典或者未纳入刑法典的特别文本中对之规定的刑罚加重 1 倍。

第 87a-3 条

新建、设立、组织或操纵其宗旨或活动属于本法第 87a-2 条规定范围的团伙、社团、集团或组织的，处无期徒刑。

在明知其宗旨或活动的情况下，加入或者以任何形式参与前款所指的团伙、社团、集团或组织的，处 10 年至 20 年徒刑。

第 87a-4 条

以任何方式鼓吹、怂恿或者资助本节所指的行为的，处 5 年至 10 年徒刑和 100 000 第纳尔至 500 000 第纳尔罚金。

第 87a-5 条

明知地复制或者传播鼓吹本节所指行为的文书、印刷品或者信息的，处 5 年至 10 年徒刑和 100 000 第纳尔至 500 000 第纳尔罚金。

第 87a-6 条

阿尔及利亚人在国外创立或者加入恐怖主义或颠覆性团伙、集团或组织（无论其形式或名称）的，即使其活动并非针对阿尔及利亚，处 10 年至 20 年徒刑和 500 000 第纳尔至 1 000 000 第纳尔罚金。

如果上述行为旨在损害阿尔及利亚的利益的，处无期徒刑。

第 87a-7 条

在未获主管机关授权的情况下，持有、盗窃、携带、销售、进口、出口、制造、修理或者使用违禁武器或弹药的，处 10 年至 20 年徒刑和 500 000 第纳尔至 1 000 000 第纳尔罚金。

如果前款规定的行为与爆炸物或者爆炸物的组成或者制造中所用的其他材料有关的，处死刑。

出于非法目的出售、购买、分发、进口、制造刀刃武器的，处 5 年至 10 年徒刑和 100 000 第纳尔至 500 000 第纳尔罚金。

第 87a-8 条

在任何情况下,根据本法令〔1〕判处的徒刑不得少于下列标准:
——如果被宣判的刑罚是无期徒刑的,为 20 年徒刑;
——如果被宣判的刑罚是有期徒刑的,为 1/2。

第 87a-9 条

在根据本法令〔2〕规定判处重罪刑罚的案件中,应当处以刑法典第 9a-1 条规定的附加刑 2 年至 10 年。

还可以处以没收被定罪人的财产。

第 87a-10 条〔3〕

在未经获得授权的公共当局为此目的指定、同意或授权的情况下,在清真寺或者任何其他专门用于礼拜的公共场所布道或者试图布道的,处 1 年至 3 年监禁和 10 000 第纳尔至 100 000 第纳尔罚金。

通过布道或者任何其他行动,从事违背清真寺崇高使命、可能破坏社会团结或者鼓吹和宣传本节所指行为的活动的,处 3 年至 5 年监禁和 50 000 第纳尔至 200 000 第纳尔罚金。

第 87a-11 条〔4〕

阿尔及利亚人或者以合法或非法方式居住在阿尔及利亚的外国国民,前往或者力图前往另一个国家,意图实施、组织、准备、参与恐怖主义行为或者提供或接受实施此类行为的培训的,处 5 年至 10 年徒刑和 100 000 第纳尔至 500 000 第纳尔罚金。

有下列情形之一的,处以相同的刑罚:
——故意地以任何方式直接或间接地提供或筹集资金,以便使用这些资金资助或者明知这些资金将被用于资助意图前往另一国家实施本条第 1 款规定的行为的人的;

---

〔1〕 1995 年 2 月 25 日第 95-11 号法令。——译者注。
〔2〕 1995 年 2 月 25 日第 95-11 号法令。——译者注。
〔3〕 被 2001 年 6 月 26 日第 01-09 号法律新增(第 34/2001 号政府公报第 13 页)。
〔4〕 被 2016 年 6 月 19 日第 16-02 号法律修正(第 37/2016 号政府公报第 4 页)。

——故意地资助或者组织意图前往另一国家实施、组织、准备、参与恐怖主义行为或者提供、接受实施此类行为的培训的人的旅行，或者为这种旅行提供便利的；

——使用信息和通信技术实施本条规定的行为的。

第 87a-12 条[1]

利用信息和通信技术，代表恐怖分子或者其宗旨或活动属于本节规定范围的团伙、社团、集团、组织招募人员，或者负责其组织，或者支持其行为或活动，或者以直接或间接的方式传播其思想的，处 5 年至 10 年徒刑和 100 000 第纳尔至 500 000 第纳尔罚金。

第 87a-13 条[2]

对实施本法第 87a 条规定的行为之一的恐怖分子和实体，由恐怖主义分子和实体归类委员会（以下简称"委员会"）认定为"恐怖分子"或者"恐怖主义实体"，载入委员会所建立的恐怖分子和恐怖主义实体国家名单。

除非受到初步调查、刑事起诉或者被判决、裁定宣告有罪，否则不能将任何人员或者实体列入本条所指的名单。

本条所指的实体，是指其宗旨或活动符合本法典第 87a 条规定的协会、团体、集团或组织（无论其形式或名称如何）。

载入国家名单的决定公布在《阿尔及利亚民主人民共和国政府公报》上。公布视为通知当事人其有权在载入决定公布之日起 30 日内向委员会提出将其从国家名单中删除的请求。

当载入的理由不再正当时，国家委员会可以依职权或者应相关的个人或实体的请求将任何个人或实体从国家名单中删除。

本条的适用程序由条例规定。

第 87a-14 条[3]

在保留善意第三人权利的前提下，载入本法典第 87a-13 条规

---

[1] 被 2016 年 6 月 19 日第 16-02 号法律修正（第 37/2016 号政府公报第 4 页）。
[2] 被 2021 年 6 月 8 日第 21-08 号法令修正（第 45/2021 号政府公报第 7 页）。
[3] 被 2021 年 6 月 8 日第 21-08 号法令修正（第 45/2021 号政府公报第 7 页）。

定的名单意味着禁止有关个人或实体的活动，以及扣押和/或冻结其资金和来自归其所有或由其、代表其或按其指示行事的人直接或间接控制的财产的资金。

基于委员会的请求，根据法院判决，还可以对载入前款规定的名单的有关人员禁止旅行。

本条的适用程序由条例规定。

第 5 节 通过参与暴动实施的犯罪

第 88 条[1]

在暴动中有下列行为的，处无期徒刑：

1. 制造或帮助制造路障、壕沟或任何其他旨在妨碍或者阻止公共力量行动的工程的；

2. 以暴力或胁迫方式阻止公共力量的召集或集结，或者通过发布命令或声明、携带旗帜或其他集会标志或通过任何其他方式煽动或便利暴动分子的聚集的；

3. 为了袭击或抵抗公共力量，侵入或者占领建筑物、哨所、其他公共设施或者有人居住或无人居住的房屋的。

知道暴动分子的目的的所有人或者承租人，在未受强制的情况下使他们得以进入上述房屋的，处以相同的刑罚。

第 89 条[2]

在暴动中有下列行为的，处无期徒刑：

1. 通过暴力或胁迫手段抢劫商店或哨所、仓库、军火库或其他公共设施或者解除公共力量工作人员的武装，夺取各种武器、弹药或者物资的；

2. 携带可见或隐藏的武器、弹药、制服或服装或者其他民事或军事标识的。

---

[1] 被 1967 年 6 月 20 日第 50/1967 年政府公报第 479 页校正；被 1975 年 6 月 17 日第 75-47 号法令修正（第 53/1975 号政府公报第 613 页）。

[2] 被 1975 年 6 月 17 日第 75-47 号法令修正（第 53/1975 号政府公报第 613 页）。

对使用其武器的人，处死刑。

第 90 条

领导或组织暴动，或者明知和故意地提供或采购武器、弹药、犯罪工具或运送给养，或者以任何方式与暴乱的领导者或指挥官进行勾结的，处死刑。

第 6 节　其他规定

第 91 条

在遵守职业保密义务的情况下，知悉叛国、间谍或可能危害国防的其他活动的计划或行动的人，不在知悉后立即向军事当局、行政当局或者司法当局报告的，在战时，处 10 年至 20 年徒刑；在和平时期，处 1 年至 5 年监禁和 3000 第纳尔至 30 000 第纳尔罚金。

除第 42 条指明的人外，不属于正犯或共犯但有下列行为的人，均应作为共犯处罚：

1. 在未受强制和明知对方意图的情况下，向危害国家安全的重罪和轻罪的正犯提供给养、生存条件、住处、隐匿或会面地点的；

2. 明知地为此类重罪和轻罪的正犯送递信件，或者明知地以任何方式帮助他们搜寻、隐藏、运输、传递这些重罪和轻罪的物品的。

除第 387 条指明的人外，不属于正犯或共犯但有下列行为的人，均应作为窝藏人处罚：

1. 明知地隐藏用于或打算用于实施这些重罪和轻罪的物品或工具，或者通过这些重罪和轻罪所获得的物品、物资或者文书的；

2. 损毁、窃取、隐瞒、掩饰或者故意变更可能有助于调查这些重罪和轻罪、发现证据、惩罚其正犯的公共或私人文书的。

在本条所规定的情形下，法院可以免除对实施前行为的该犯罪人的三等以内血亲或者姻亲应处的刑罚。

第 92 条

在危害国家安全的重罪与轻罪实行或者未遂之前，向行政机关或者司法机关报告有关情况的，免除应处的刑罚。

如果自首发生在犯罪既遂或未遂之后、追诉开始之前，则刑罚只减轻一等。

犯罪人在追诉开始后促成逮捕同一犯罪或相同性质或同等严重的其他犯罪的正犯或共犯的，刑罚也应减轻一等。

对于参加武装团体但在其中既未进行指挥也未从事工作或职务的人，如果在民事或军事当局第一次警告时退出或者向该当局投降的，除其个人所实施的具体重罪外，不予宣告任何刑罚。

但是因适用本条而免除刑罚的人，在轻罪案件中仍可被禁止居留和剥夺本法典第14条所列的权利。

第93条

犯罪人收到的报酬或者在该报酬无法扣押时的价值金额，应判决宣告上缴国库。

重罪和轻罪的对象，以及用于实施犯罪的物品和工具，予以宣告没收。

"武器"包括任何锋利的、尖锐的或者钝的机械、器具或者用具。

小刀、小剪刀、单纯的手杖和其他未指明的物品，只有在用于杀害、伤害或打击的情况下，才被视为武器。

第94条

在战时或和平时期，政府可通过法令将危害国家安全的重罪或轻罪有关条款的全部或部分，扩张适用于针对阿尔及利亚的盟国或友好国家实施的相关行为。

第95条

直接或间接地以任何形式和任何理由获得来自外国的宣传资金并从事政治宣传的，处6个月至5年监禁和3600第纳尔至36 000第纳尔罚金。

用于实施犯罪的所有财物予以扣押；视情况判决予以没收、移除或者销毁。

法院还可以处以禁止行使本法典第14条规定的权利。

第 95a 条[1]

以任何方式在国内或国外接受某一国家、机构、任何其他公共或私人组织或者任何法人或自然人资金、捐赠或利益,以实施或者煽动实施可能危害国家安全、国家机构的稳定和正常运行、国家统一、领土完整、阿尔及利亚的根本利益或者公共安全和公共秩序的行为的,处 5 年至 7 年监禁和 500 000 第纳尔至 700 000 第纳尔罚金。

如果是在团伙、集团、组织或者共谋的框架内(无论以任何形式或者名义)接受资金的,刑罚加重 1 倍。

第 95a-1 条[2]

在不影响处以更重刑罚的情况下,在国内或国外从事第 95a 条所述的行为以实施商定计划的,处 5 年至 10 年监禁和 500 000 第纳尔至 1 000 000 第纳尔罚金。

第 95a-2 条[3]

如果第 95a 条和第 95a-1 条规定的犯罪导致某一重罪或可处 5 年以上监禁的轻罪实施的,对该正犯处所被实施重罪或轻罪的刑罚。

第 95a-3 条[4]

第 95a 条、第 95a-1 条和第 95a-2 条规定犯罪的未遂,处与对既遂罪所规定刑罚相同之刑罚。

---

[1] 被 2020 年 4 月 28 日第 20-06 号法律修正(第 25/2020 号政府公报第 10 页)。

[2] 被 2020 年 4 月 28 日第 20-06 号法律修正(第 25/2020 号政府公报第 10 页)。

[3] 被 2020 年 4 月 28 日第 20-06 号法律修正(第 25/2020 号政府公报第 10 页)。

[4] 被 2020 年 4 月 28 日第 20-06 号法律修正(第 25/2020 号政府公报第 10 页)。

第二部分　罪　名

第 95a-4 条[1]

除了第 95a 条、第 95a-1 条和第 95a-2 条规定的刑罚外，对犯罪人，还可处以禁止行使本法典第 9a-1 条所指的一项或多项权利。

第 95a-5 条[2]

在保留善意第三人权利的情况下，用于实施本法第 95a 条、第 95a-1 条和第 95a-2 条规定的一个或多个犯罪的资金、财产、捐赠、器械和工具，以及接受资金的银行或邮局账户关闭时所产生的资金，予以没收。

第 96 条[3]

出于宣传目的，散发、待售、公开展示、意图散发而持有、出售或展览可能危害国家利益传单、告示和插页的，处 6 个月至 3 年监禁和 500 000 纳尔至 1 000 000 纳尔罚金。如果传单、告示或者插页具有外国来源或者是外国授意的，监禁可以提高到 5 年。

在这两种情况下，法院还可以宣告禁止行使本法典第 14 条规定的权利和禁止居留的刑罚。

第 96a 条[4]

根据本法典第 51a 条规定的条件，宣告法人对本章规定的犯罪承担刑事责任。

根据第 18a 条规定的方式对法人处罚金，并在适用的情况下处以第 18a-2 条规定的刑罚。

对法人还可处第 18a 条规定的一种或者多种附加刑。

---

[1] 被 2020 年 4 月 28 日第 20-06 号法律修正（第 25/2020 号政府公报第 10 页）。

[2] 被 2020 年 4 月 28 日第 20-06 号法律修正（第 25/2020 号政府公报第 10 页）。

[3] 被 1975 年 6 月 17 日第 75-47 号法令修正（第 53/1975 号政府公报第 613 页）。

[4] 被 2006 年 12 月 20 日第 06-23 号法律新增（第 84/2006 号政府公报第 17 页）。

第 2 章 聚 集

第 97 条[1]

禁止在公共道路或者公共场所进行：

1. 任何武装聚集；
2. 扰乱公共安宁的非武装聚集。

如果组成聚集中的一个人携带显露的武器，或者他们中的数个人携带隐藏的武器或曾用作武器或为用作武器而带来的任何显露或隐藏的物品的，是武装聚集。

被召集以驱散聚集或确保法律、判决或司法令状的执行的公共力量代表，如果被实施暴力或粗暴行为，或者不能以其他方式保卫他们占据的场所或委托给他们警卫的岗位的，可以使用武力。

在其他情形下，在省长或区长、市镇人民议会主席或其一名副手、警察局长或者任何其他佩戴其职务标志的司法警察官员采取下列措施后，以武力驱散聚集：

1. 以能够有效地警告组成聚集的个人之声音的或光线的信号宣布其在场；
2. 使用扩音器或使用能够有效地警告组成聚集的个人之声音的或光线的信号，敦促参加聚集的人解散；
3. 如果第一次敦促没有效果的，以同样的方式进行第二次敦促。

第 98 条

参加武装或者非武装聚集的非武装人员，在第一次敦促后不放弃的，处 2 个月至 1 年监禁。

如果该非武装人员继续参加只能通过使用武力驱散的武装聚集的，处 6 个月至 3 年监禁。

对犯罪人可处禁止行使本法典第 14 条所指的权利的刑罚。

---

[1] 被 1975 年 6 月 17 日第 75-47 号法令修正（第 53/1975 号政府公报第 612 页）。

第 99 条

在不影响在适当情形下处更重刑罚的情况下，在聚集中、在示威期间或者与示威有关的情形下、在集会期间或者与集会有关的情形下，被证明携带显露或隐藏的武器或者曾用作武器或为用作武器而带来的任何显露或隐藏的物品的，处 6 个月至 3 年监禁。

如果聚集是被武力驱散的，处 1 年至 5 年监禁。

对犯罪人可处禁止行使本法典第 14 条所指的权利和禁止居留。

对犯有本条规定的罪行之一的外国人，可宣布禁止进入本国领域。

第 100 条

通过公开演讲、张贴或散发书面语言或印刷品的方式，直接煽动非武装聚集，如果煽动产生效果的，处 2 个月至 1 年监禁；如果煽动没有产生效果的，处 1 个月至 6 个月监禁，并处或者单处 2000 第纳尔至 5000 第纳尔罚金。

以相同手段直接煽动武装聚集，如果煽动产生效果的，处 1 年至 5 年监禁；如果煽动没有产生效果的，处 3 个月至 1 年监禁，并处或者单处 2000 第纳尔至 10 000 第纳尔罚金。

第 101 条

对聚集罪的追诉，不妨碍对在聚集过程中所实施的具体的重罪或轻罪的追诉。

对在公共当局代表发出第二次催告后仍继续参加聚集的人，可责令对该聚集所造成的损失支付金钱赔偿。

第3章　危害宪政的重罪与轻罪

第1节　选举犯罪[1]

第102条[2]

以聚集、粗暴行为或者胁迫手段，阻止一个或者多个公民行使选举权的，对每一个犯罪人，处6个月至2年监禁和禁止行使选举权和被选举权1年至5年。

第103条[3]

如果犯罪的实施是一个商定的计划在整个共和国领域、在一个或多个省或者在一个或多个区执行的结果的，处5年至10年徒刑。

第104条[4]

负责在投票中统计公民选票的公民，被发现伪造选票、减少或增加总数或者在选票上填写并非之前向其所声明的人的姓名的，处5年至10年徒刑。

第105条

应当对第104条规定的行为承担刑事责任的其他人，处6个月至2年监禁和禁止行使选举权和被选举权1年至5年。

第106条

公民在选举期间以任何价格买卖选票的，处禁止公民权利和公共职务或公共受雇1年至5年。

对选票的卖方和买方，都处所收受或许诺物品价值2倍的罚金。

---

〔1〕被1975年6月17日第75-47号法令修正（第53/1975号政府公报第613页）。

〔2〕被1975年6月17日第75-47号法令修正（第53/1975号政府公报第613页）。

〔3〕被1975年6月17日第75-47号法令修正（第53/1975号政府公报第613页）；被1982年2月13日第82-04号法律修正（第07/1982号政府公报第208页）。

〔4〕被1975年6月17日第75-47号法令修正（第53/1975号政府公报第613页）；被1982年2月13日第82-04号法律修正（第07/1982号政府公报第208页）。

第 2 节　侵犯自由

第 107 条

公务员命令或者实施针对个人自由或者一个或多个公民的公民权利的专横行为或者有害行为的，处 5 年至 10 年徒刑。

第 108 条

第 107 条所规定的犯罪产生行为人的个人民事责任以及国家的民事责任，但国家可以对行为人进行追索。

第 109 条

负责行政警察或者司法警察职责的公务员、公共力量的工作人员、公共当局职员，拒绝或者忽视寻求确认非法和任意拘押的投诉（无论是在规定用于关押被拘押人的机构或场所或者在其他任何地方），并且没有正当理由地不向上级机关报告的，处 5 年至 10 年徒刑。

第 110 条 [1]

监狱或指定用于关押被拘押人的场所的改造工作人员接收没有任何合法拘押凭证的囚犯，或者在没有预审法官的正当抗辩事由的情况下拒绝将该囚犯交给当局或获授权探视他的人，或者拒绝向上述获授权的人提交其登记簿的，构成任意拘押罪，处 6 个月至 2 年监禁和 500 第纳尔至 1000 第纳尔罚金。

第 110 a 条 [2]

司法警察官员拒绝向被授权行使监督权的人提供《刑事诉讼法典》第 52 条第 3 款规定的在押人员名姓必须出现在其中的专门登记簿的，构成刑法第 110 条所指的犯罪，处以相同的刑罚。

---

[1] 被 1982 年 2 月 13 日第 82-04 号法律修正（第 07/1982 号政府公报第 208 页）。

[2] 被 1982 年 2 月 13 日第 82-04 号法律新增（第 07/1982 号政府公报第 216 页）；第 3 款被 2004 年 11 月 10 日第 04-15 号法律废止（第 71/2004 号政府公报第 10 页）。

尽管检察官根据《刑事诉讼法典》第51条发布了命令，但司法警察官员仍然反对处于其权力范围内的在押人员进行体检的，处1个月至3个月监禁，并处或者单处500第纳尔至1000第纳尔罚金。

第111条[1]

法官、警察官员在未事先以法定形式获得豁免权撤销的情况下，对享有豁免权的人提起诉讼、作出或签署命令或判决或者发出司法令状的，处6个月至3年监禁。

第3节 公务员结伙

第112条

属于公共当局一部分的个人或者组织，以集会或者委派代表或通信的方式，协同一致采取违背法律的措施的，处1个月至6个月监禁。

对之还可处禁止行使第14条所指的一项或多项权利和禁止10年以下的从事公共职务或公共受雇。

第113条[2]

以第112条规定手段协同一致采取不利于法律或者政府命令执行的措施的，处5年至10年徒刑。

如果这些措施是民事当局和军事机关或者其领导人之间协同一致采取的，对煽动人，处10年至20年徒刑；对其他犯罪人，处5年至10年徒刑。

第114条[3]

民事当局和军事机关或者其领导人之间协同一致采取具有危害国家内部安全的目的或结果的措施的，对煽动人，处无期徒刑；对

---

[1] 被1975年6月17日第75-47号法令修正（第53/1975号政府公报第613页）。

[2] 被1982年2月13日第82-04号法律修正（第07/1982号政府公报第208页）。

[3] 被1982年2月13日第82-04号法律修正（第07/1982号政府公报第208页）；被2006年12月20日第06-23号法律修正（第84/2006号政府公报第17页）。

其他犯罪人，处 10 年至 20 年徒刑和 1 000 000 第纳尔至 2 000 000 第纳尔罚金。

第 60a 条的规定适用于本条规定的犯罪。

第 115 条

法官和公务员经商议决定辞职以阻止或中断司法管理或公用事业运行的，处 6 个月至 3 年监禁。

第 4 节 行政和司法机关的权力僭越

第 116 条[1]

有下列行为之一的，构成权力僭越罪，处 5 年至 10 年徒刑：

1. 法官、司法警察官员通过制定包含立法规定的条例、停止或暂停执行一项或多项法律或者审议是否将公布或执行法律，干预立法职能的行使的；

2. 法官、司法警察官员超越其权限干预归属于行政当局的事务、对这些事务制定条例、禁止执行行政当局发布的命令，或者通过判决或命令准许或命令传唤行政部门主管官员以履行其职责，在判决或命令已被撤销的情况下，坚持执行该判决或命令的。

第 117 条[2]

省长、区长、市镇人民议会主席和其他行政部门主管官员如第 116 条第 1 款所述干预立法职能的行使，或者以发布一般决定或任何其他措施将命令或抗辩强加于这些法院或法庭的，处 5 年至 10 年徒刑。

第 118 条[3]

行政部门主管官员对属于法院管辖范围的权利和利益擅自行使

---

〔1〕 被 1975 年 6 月 17 日第 75-47 号法令修正（第 53/1975 号政府公报第 613 页）；被 1982 年 2 月 13 日第 82-04 号法律修正（第 07/1982 号政府公报第 208 页）。

〔2〕 被 1982 年 2 月 13 日第 82-04 号法律修正（第 07/1982 号政府公报第 208 页）。

〔3〕 被 1982 年 2 月 13 日第 82-04 号法律修正（第 07/1982 号政府公报第 208 页）。

管辖，并且不顾当事人或其中一方的反对在上级法院作出裁决之前对案件作出决定，侵犯司法职能的，处 500 第纳尔至 3000 第纳尔罚金。

第 4 章 危害公职秩序的重罪与轻罪

第 1 节 挪用和贪污

第 119 条 （废止）[1]

第 119 a 条[2]

2006 年 2 月 20 日关于预防和打击腐败的第 06-01 号法律第 2 条所指的任何公众代理人，由于明显的疏忽大意，导致凭借或者因为其职权处于其控制之下的公共或者私人资金，与资金同等的票据、文书、证券、契约、动产被盗窃、挪用、损毁或者丢失的，处 6 个月至 3 年监禁和 50 000 第纳尔至 200 000 第纳尔罚金。

第 119a-1 条 （废止）[3]

第 120 条[4]

法官、公务员或者公务助理人员，出于造成损害的意图或者以欺诈手段损毁或者删除以其身份所保管或者因其职权而传达给其的

---

[1] 第 2 款被 1969 年 9 月 16 日第 69-74 号法令修正（第 80/1969 号政府公报第 864 页）；被 1975 年 6 月 17 日第 75-47 号法令修正（第 53/1975 号政府公报第 613 页）；被 1988 年 7 月 12 日第 88-26 号法律修正（第 28/1988 号政府公报第 775 页）；被 2001 年 6 月 26 日第 01-09 号法律修正（第 34/2001 号政府公报第 13 页）；被 2006 年 2 月 20 日关于预防和打击腐败的第 06-01 号法律废止，并被该法律第 29 条取代（第 14/2006 号政府公报第 8 页）。

[2] 被 2001 年 6 月 26 日第 01-09 号法律新增（第 34/2001 号政府公报第 14 页）；被 2011 年 8 月 2 日第 11-14 号法律修正（第 44/2011 号政府公报第 4 页）。

[3] 被 2001 年 6 月 26 日第 01-09 号法律新增（第 34/2001 号政府公报第 14 页）；被 2006 年 2 月 20 日关于预防和打击腐败的第 06-01 号法律废止，并被该法律第 29 条取代（第 14/2006 号政府公报第 8 页）。

[4] 被 1982 年 2 月 13 日第 82-04 号法律修正（第 07/1982 号政府公报第 208 页）；被 1988 年 7 月 12 日第 88-26 号法律修正（第 28/1988 号政府公报第 776 页）。

文书、证券、契约或者动产的，处 2 年至 10 年监禁和 500 第纳尔至 5000 第纳尔罚金。

第 121 条（废止）[1]

第 122 条（废止）[2]

第 123 条（废止）[3]

第 124 条（废止）[4]

第 125 条（废止）[5]

第 2 节　腐败和影响力交易

第 126 条（废止）[6]

第 126a 条（废止）[7]

第 127 条（废止）[8]

---

[1] 1988 年 7 月 12 日第 88-26 号法律修正（第 28/1988 号政府公报第 776 页）；被 2006 年 2 月 20 日关于预防和打击腐败的第 06-01 号法律废止，并被该法律第 30 条取代（第 14/2006 号政府公报第 9 页）。

[2] 被 2006 年 2 月 20 日关于预防和打击腐败的第 06-01 号法律废止，并被该法律第 31 条取代（第 14/2006 号政府公报第 9 页）。

[3] 被 2006 年 2 月 20 日关于预防和打击腐败的第 06-01 号法律废止，并被该法律第 35 条取代（第 14/2006 号政府公报第 9 页）。

[4] 被 2006 年 2 月 20 日关于预防和打击腐败的第 06-01 号法律废止，并被该法律第 35 条取代（第 14/2006 号政府公报第 9 页）。

[5] 被 2006 年 2 月 20 日关于预防和打击腐败的第 06-01 号法律废止，并被该法律第 35 条取代（第 14/2006 号政府公报第 9 页）。

[6] 第 1 款第 1 项和第 3 项被 1990 年 7 月 14 日第 90-15 号法律修正（第 29/1990 号政府公报第 822 页）；被 2006 年 2 月 20 日关于预防和打击腐败的第 06-01 号法律废止，并被该法律第 25 条取代（第 14/2006 号政府公报第 8 页）。

[7] 被 2006 年 2 月 20 日关于预防和打击腐败的第 06-01 号法律废止，并被该法律第 25 条取代（第 14/2006 号政府公报第 8 页）。

[8] 被 2006 年 2 月 20 日关于预防和打击腐败的第 06-01 号法律废止，并被该法律第 25 条取代（第 14/2006 号政府公报第 8 页）。

第 128 条（废止）[1]

第 128a 条（废止）[2]

第 128a-1 条（废止）[3]

第 129 条（废止）[4]

第 130 条（废止）[5]

第 131 条（废止）[6]

第 132 条

法官或行政人员偏向某一方或者敌视某一方作出决定的，处 6 个月至 3 年监禁和 500 第纳尔至 1000 第纳尔罚金。

第 133 条（废止）[7]

第 134 条（废止）[8]

---

[1] 被 2006 年 2 月 20 日关于预防和打击腐败的第 06-01 号法律废止，并被该法律第 32 条取代（第 14/2006 号政府公报第 9 页）。

[2] 被 2001 年 6 月 26 日第 01-09 号法律新增（第 34/2001 号政府公报第 14 页）；被 2006 年 2 月 20 日关于预防和打击腐败的第 06-01 号法律废止，并被该法律第 26 条取代（第 14/2006 号政府公报第 8 页）。

[3] 被 2001 年 6 月 26 日第 01-09 号法律新增（第 34/2001 号政府公报第 14 页）；被 2006 年 2 月 20 日关于预防和打击腐败的第 06-01 号法律废止，并被该法律第 27 条取代（第 14/2006 号政府公报第 8 页）。

[4] 被 2006 年 2 月 20 日关于预防和打击腐败的第 06-01 号法律废止，并被该法律第 25 条取代（第 14/2006 号政府公报第 8 页）。

[5] 被 2006 年 2 月 20 日关于预防和打击腐败的第 06-01 号法律废止（第 14/2001 号政府公报第 13 页）。

[6] 被 2006 年 2 月 20 日关于预防和打击腐败的第 06-01 号法律废止（第 14/2001 号政府公报第 13 页）。

[7] 被 2006 年 2 月 20 日关于预防和打击腐败的第 06-01 号法律废止（第 14/2001 号政府公报第 13 页）。

[8] 被 2006 年 2 月 20 日关于预防和打击腐败的第 06-01 号法律废止（第 14/2001 号政府公报第 13 页）。

第 3 节　滥用职权

第 1 目　针对个人滥用职权

第 135 条[1]

除法律规定的情形外，行政序列或司法序列的公务员、警察、公共力量的指挥官或代理人，在没有法律规定的手续的情况下违背公民的意志进入其住宅的，在不影响第 107 条适用的情况下，处 2 个月至 1 年监禁和 500 第纳尔至 3000 第纳尔罚金。

第 136 条

法官、管理人员在被请求做出裁决后以任何借口拒绝为当事人做出裁决，并且在上级作出警告或指令后仍坚持拒绝的，可被追诉，处 750 第纳尔至 3000 第纳尔罚金和禁止从事公共职务 5 年至 20 年。

第 137 条[2]

公务员、国家代理人、邮政服务雇员或职员打开、转移或者隐匿交付给邮局的信件，或者为这种打开、转移或隐匿提供便利的，处 3 个月至 5 年监禁和 30 000 第纳尔至 500 000 第纳尔罚金。

电报服务雇员或职员侵吞、隐匿电报或者泄露其内容的，处以相同的刑罚。

对犯罪人还可以禁止从事公共职务或者公共受雇 5 年至 10 年。

第 137a 条[3]

公务员或者公务助理人员在法律规定的情况和条件之外征用动产或不动产的，处 1 年至 5 年监禁和 10 000 第纳尔至 100 000 第纳尔罚金。

涉及行为人的个人民事责任以及国家的民事责任，国家可以对

---

〔1〕被 1982 年 2 月 13 日第 82-04 号法律修正（第 07/1982 号政府公报第 208 页）。

〔2〕被 2006 年 12 月 20 日第 06-23 号法律修正（第 84/2006 号政府公报第 17 页）。

〔3〕被 2001 年 6 月 26 日第 01-09 号法律新增（第 34/2001 号政府公报第 14 页）。

行为人进行追索。

第 2 目　针对公共事务滥用职权

第 138 条

法官或者公务员要求或命令采取行动或使用公共力量反对法律的执行、反对依法规定的捐税的征收或者反对法院命令、法院令状或来自合法机关的任何其他命令的执行，或者促成上述要求或命令的，处 1 年至 5 年监禁。

第 138 a 条〔1〕

公务员利用其职位所赋予其的权力下令停止执行法院决定，或者故意地拒绝、阻碍或反对该决定的执行的，处 2 年至 5 年监禁和 200 000 第纳尔至 500 000 第纳尔罚金。

本条中的公务员，是指担任立法、行政或管理职务或者在选举产生的地方人民议会中担任职务的人，无论其是委任抑或选任、永久抑或临时、有报酬抑或无报酬，也无论其等级或资历如何。

第 139 条

对犯罪人还可以禁止行使第 14 条所指的一项或多项权利 5 年至 10 年；也可以禁止行使公共职务或公共受雇 10 年以下。

第 140 条

如果命令和要求是法律规定为重罪的行为的直接原因，对该重罪的刑罚适用于该滥用职权的犯罪人。

第 4 节　非法提前或者延期行使公共权力

第 141 条〔2〕

法官、公务员或者公务助理人员，在尚未进行所要求的宣誓行为的情况下，就行使职权的，可以被追诉，处以 500 第纳尔至 1000 第纳尔罚金。

---

〔1〕 被 2001 年 6 月 26 日第 01-09 号法律新增（第 34/2001 号政府公报第 14 页）；被 2021 年 12 月 28 日第 21-14 号法令修正（第 99/2021 号政府公报第 10 页）。

〔2〕 1988 年 7 月 12 日第 88-26 号法律修正（第 28/1988 号政府公报第 776 页）。

第 142 条[1]

被解职、解雇、停职或处以法律禁令的法官、公务员或者公务助理人员，在收到与他有关的该决定的正式通知后，继续行使其职权的，处 6 个月至 2 年监禁和 500 第纳尔至 1000 第纳尔罚金。

选任或者临时公务员在其职务依法终止后继续行使其职权的，处以相同的刑罚。

对犯罪人还可处 10 年以下禁止从事公共职务或者公共受雇。

第 5 节　对公务员或者公务助理人员实施的特定重罪与轻罪的刑罚加重

第 143 条

除法律对公务员或者公务助理人员所实施的重罪或轻罪的刑罚有明确规定的情况外，参与由其负责监督或打击的其他重罪或轻罪的，依下列规定处罚：

如果是轻罪，则刑罚是该轻罪的 2 倍。

如果是重罪，如此处罚：

如果该重罪对任何其他犯罪人规定的刑罚是 5 年至 10 年徒刑的，处 10 年至 20 年徒刑；

如果该重罪对任何其他犯罪人规定的刑罚是 10 年至 20 年徒刑的，处无期徒刑。

对上述规定以外的情形，适用通常的刑罚，不予加重。

---

[1] 1988 年 7 月 12 日第 88-26 号法律修正（第 28/1988 号政府公报第 776 页）。

第5章　个人实施的危害公共秩序的重罪与轻罪〔1〕

第1节　针对国家公务员和国家机构的侮辱和暴力〔2〕

第144条〔3〕

出于损害其荣誉、体面或对其权威的尊重目的，在法官、公务员、公共力量的指挥官或者工作人员、公务助理人员履行职务之时或者与其履行职务有关的情形下，通过言语、手势、胁迫、寄送或交付任何物品或者不公开的书面语言或绘画形式对其进行侮辱的，处6个月至3年监禁，并处或者单处100 000第纳尔至500 000第纳尔罚金。

如果在法院或法庭的审理过程中对一名或多名法官或者陪审员实施侮辱的，处1年至3年监禁和200 000第纳尔至500 000第纳尔罚金。如果在清真寺内的礼拜过程中对伊玛目实施侮辱的，处以相同的刑罚。

在所有情形下，法院还可以命令在其确定的条件下张贴和公布其决定，费用由被定罪人承担，这些费用不得超过上述规定罚金的上限。

第144 a 条〔4〕

通过书面语言、绘画、声明、任何其他言语或图像的媒介或者任何其他电子的、计算机的或信息的媒介，以过分的、辱骂的或诽

---

〔1〕 第5章的标题被2006年12月20日第06-23号法律修正（第84/2006号政府公报第17页）。

〔2〕 第1节的标题被2001年6月26日第01-09号法律修正（第34/2001号政府公报第14页）。

〔3〕 被1967年6月20日第50/1967号政府公报第479页校正；被1988年7月12日第88-26号法律修正（第28/1988号政府公报第777页）；被2001年6月26日第01-09号法律修正（第34/2001号政府公报第14页）；被2020年4月28日第20-06号法律修正（第25/2020号政府公报第10页）。

〔4〕 被2001年6月26日第01-09号法律新增（第34/2001号政府公报第15页）；被2011年8月2日第11-14号法律修正（第44/2011号政府公报第4页）。

谤的表达侮辱共和国总统的，处 100 000 第纳尔至 500 000 第纳尔罚金。

刑事诉讼由检察官依职权启动。

对于累犯，罚金加重 1 倍。

第 144a-1 条（废止）〔1〕

第 144a-2 条〔2〕

以书面语言、绘画、声明或任何其他方式，冒犯先知和真主的使者，或者诋毁伊斯兰教的教义或戒律的，处 3 年至 5 年监禁，并处或者单处 50 000 第纳尔至 100 000 第纳尔罚金。

刑事诉讼由检察官依职权启动。

第 145 条

一个人向公共当局告发他知道并不存在的犯罪、提供与虚构犯罪有关的虚假证据或者向司法当局申告其是某一既没有实施也没有成功实施的犯罪的犯罪人的，视为侮辱并按照该罪规定处刑。

第 146 条〔3〕

以第 144a 条规定的方式之一侮辱、污蔑或者诽谤议会或其两院之一、法院、国家人民军、任何法人团体或者任何其他公共机构的，处上面条文规定的刑罚。

对于累犯，罚金加重 1 倍。

第 147 条

有下列行为之一的，处第 144 条第 1 款和第 3 款规定的刑罚：

1. 在案件未做出不可撤销的判决之前，以公开的行为、言论或书面语言向法官的决定施加压力的；

---

〔1〕 （2 页）。被 2001 年 6 月 26 日第 01-09 号法律新增（第 34/2001 号政府公报第 15 页）；被 2011 年 8 月 2 日第 11-14 号法律废止（第 44/2011 号政府公报第 4 页）。

〔2〕 被 2001 年 6 月 26 日第 01-09 号法律新增（第 34/2001 号政府公报第 15 页）。

〔3〕 被 2001 年 6 月 26 日第 01-09 号法律修正（第 34/2001 号政府公报第 15 页）；被 2011 年 8 月 2 日第 11-14 号法律修正（第 44/2011 号政府公报第 4 页）。

2. 以公开的行为、言论或书面语言诋毁司法裁决并且可能损害司法权威或其独立性的。

第148条〔1〕

在法官、公务员、公共力量的指挥官或者工作人员、公务助理人员履行职务之时或者与其履行职务有关的情形下，对其实施暴力或者粗暴行为的，处2年至5年监禁和200 000第纳尔至500 000第纳尔罚金。

如果暴力导致流血、伤害、疾病，或者以预谋或伏击方式实施，或者在法院或法庭对法官或者陪审员实施，或者在清真寺内的礼拜过程中对伊玛目实施的，处5年至10年徒刑和500 000第纳尔至1 000 000第纳尔罚金。

如果暴力导致肢体残缺、截肢、肢体丧失功能、失明、失去一只眼睛或者其他永久残疾的，处10年至20年徒刑。

如果暴力导致死亡但行为人没有致死故意的，处无期徒刑。

如果暴力导致死亡并且具有致死故意的，处死刑。

对被判处监禁的犯罪人，还可从其服刑完毕之日起剥夺本法典第14条提到的权利1年至5年和禁止居留2年至5年。

第1a节 针对医疗卫生机构及其工作人员的侮辱和暴力〔2〕

第149条〔3〕

出于破坏其荣誉、体面或应得的尊重的目的，在"有关医疗卫生、医疗卫生组织和机构的公务员或工作人员的2018年7月2日第18-11号法律"所指的医疗卫生专业人员履行职务之时或者与其履行职务有关的情形下，通过言语、手势、胁迫、寄送或交付任何物

---

〔1〕 被1982年2月13日第82-04号法律修正（第07/1982号政府公报第208页）；被1988年7月12日第88-26号法律修正（第28/1988号政府公报第777页）；被2020年4月28日第20-06号法律修正（第25/2020号政府公报第11页）。

〔2〕 被2020年7月30日第20-01号法令修正（第44/2020号政府公报第4页）。

〔3〕 被1975年6月17日第75-47号法令废止（第53/1975号政府公报第614页）；被2020年7月30日第20-01号法令修正（第44/2020号政府公报第4页）。

品或者书面语言或绘画形式对其进行侮辱的,处 2 年至 5 年监禁和 200 000 第纳尔至 500 000 第纳尔罚金。

第 149a 条[1]

在医疗卫生专业人员、医疗卫生组织和机构的公务员或者工作人员履行职务之时或者与其履行职务有关的情形下,对其实施暴力或者粗暴行为的,处 2 年至 8 年监禁和 200 000 第纳尔至 800 000 第纳尔罚金。

袭击,是指可能引起他人害怕或恐慌的涉及使用或威胁使用武力(无论使用何种手段)的故意行为。

第 149a-1 条[2]

如果暴力导致流血、伤害、疾病,或者以预谋或伏击方式实施,或者携带武器实施的,处 5 年至 12 年监禁和 500 000 第纳尔至 1 200 000 第纳尔罚金。

如果暴力是使用武器实施,或者导致肢体残缺、截肢、肢体丧失功能、失明、失去一只眼睛或者其他永久残疾的,处 10 年至 20 年监禁和 1 000 000 第纳尔至 2 000 000 第纳尔罚金。

如果暴力导致死亡的,可以适用本法典第 148 条最后两款规定的刑罚。

第 149a-2 条[3]

破坏医疗卫生组织和机构的动产或不动产的,处 2 年至 5 年监禁和 200 000 第纳尔至 500 000 第纳尔罚金。

如果该行为导致有关的组织或机构或者其服务全部或部分关闭,或者妨碍其运行,或者其设备被盗的,处 3 年至 10 年监禁和 300 000 第纳尔至 1 000 000 第纳尔罚金。

---

[1] 被 2020 年 7 月 30 日第 20-01 号法令修正(第 44/2020 号政府公报第 4 页)。
[2] 被 2020 年 7 月 30 日第 20-01 号法令修正(第 44/2020 号政府公报第 4 页)。
[3] 被 2020 年 7 月 30 日第 20-01 号法令修正(第 44/2020 号政府公报第 4 页)。

第 149a-3 条〔1〕

在医疗卫生专业人员、医疗卫生组织和机构的公务员或者工作人员履行职务之时或者与其履行职务有关的情形下，出于伤害或破坏其专业精神或道德操守的目的，在网站、电子网络、社交网络上或通过任何其他方式，记录通信或对话、拍摄或发布照片、视频、新闻或者信息的，处 2 年至 5 年监禁和 200 000 第纳尔至 500 000 第纳尔罚金。

如果该行为损害病人及其家人或者医疗卫生组织和机构的利益，或者妨害对逝者的尊重的，处以相同的刑罚。

如果照片、视频、新闻或信息被以诽谤的方式处理的，或者是被秘密地拍摄或在医疗卫生组织和机构内不向公众开放的地方拍摄的，或者被断章取义的，本条规定的刑罚加重 1 倍。

第 149a-4 条〔2〕

以暴力手段进入医疗卫生组织或者机构的，处 6 个月至 3 年监禁和 60 000 第纳尔至 300 000 第纳尔罚金。

如果是以暴力手段侵入进入受管制的地点的，处 2 年至 5 年监禁和 200 000 第纳尔至 500 000 第纳尔罚金。

第 149a-5 条〔3〕

第 149 条、第 149a 条、第 149a-2 条、第 149a-3 条和第 149a-4 条规定的行为的实施，如果具有下列情节之一的，处 5 年至 15 年监禁和 500 000 第纳尔至 1 500 000 第纳尔罚金：

——在医疗卫生封控、自然、生物或技术灾难或者任何其他灾难期间；

——旨在损害医疗卫生组织和机构的信誉和专业性。

---

〔1〕 被 2020 年 7 月 30 日第 20-01 号法令修正（第 44/2020 号政府公报第 5 页）。
〔2〕 被 2020 年 7 月 30 日第 20-01 号法令修正（第 44/2020 号政府公报第 5 页）。
〔3〕 被 2020 年 7 月 30 日第 20-01 号法令修正（第 44/2020 号政府公报第 5 页）。

第 149a-6 条〔1〕

第 149 条、第 149a 条、第 149a-2 条和第 149a-3 条规定的行为的实施，如果具有下列情节之一的，处 10 年至 20 年徒刑和 1 000 000第纳尔至 2 000 000 第纳尔罚金：

——作为某一集团成员的；
——执行协商一致的计划的；
——附随于以暴力手段侵入医疗卫生组织或机构后实施的；
——携带或者使用武器的。

第 149a-7 条〔2〕

对本法典第 149 条规定的犯罪所处的刑罚，不能低于下列标准：

——如果规定的刑罚是无期徒刑的，为 20 年徒刑；
——如果规定的刑罚是其他情形的，为规定刑罚的 2/3。

第 149a-8 条〔3〕

在不影响本法典规定的附加刑的情况下，对被认定构成本节规定的某一犯罪的人，可剥夺其使用任何电子网络、信息系统、信息和通信技术工具的权利 3 年以下，从最初所处刑罚期满之日、犯罪人被释放之日或者对未被关押的犯罪人的判决生效之日起算。

第 149a-9 条〔4〕

在保留善意第三人权利的情况下，没收用于实施本节规定的一项或多项犯罪的设备、程序和工具，关闭用于实施犯罪的网站或电子账户或者禁止访问该网站，在所有者明知该犯罪情形下关闭场所或营业地点。

第 149a-10 条〔5〕

以任何手段教唆他人实施本节规定的犯罪的，应当处以对正犯

---

〔1〕 被 2020 年 7 月 30 日第 20-01 号法令修正（第 44/2020 号政府公报第 5 页）。
〔2〕 被 2020 年 7 月 30 日第 20-01 号法令修正（第 44/2020 号政府公报第 5 页）。
〔3〕 被 2020 年 7 月 30 日第 20-01 号法令修正（第 44/2020 号政府公报第 5 页）。
〔4〕 被 2020 年 7 月 30 日第 20-01 号法令修正（第 44/2020 号政府公报第 5 页）。
〔5〕 被 2020 年 7 月 30 日第 20-01 号法令修正（第 44/2020 号政府公报第 5 页）。

规定的刑罚。

第149a-11条〔1〕

对本节规定的轻罪的未遂，处以对既遂罪所规定的刑罚。

第149a-12条〔2〕

对于累犯，本节规定的刑罚加重1倍。

第149a-13条〔3〕

对本节规定的犯罪的刑事诉讼，可以由检察官依职权提起。

在本节规定的犯罪中，国家或者医疗卫生机构的雇主可以代位受害者行使赔偿请求权。

第149a-14条〔4〕

对实施本节规定犯罪的法人，处以本法典规定的刑罚。

第2节 与墓地和对逝者的尊重有关的犯罪

第150条

以任何方式毁灭、破坏或者玷污墓地的，处6个月至2年监禁和500第纳尔至2000第纳尔罚金。

第151条〔5〕

在公墓或其他安葬地点实施侵犯对逝者的尊重的行为的，处3个月至2年监禁和500第纳尔至2000第纳尔罚金。

第152条

侵犯墓地、秘密地埋葬或者发掘尸体的，处3个月至2年监禁和500第纳尔至2000第纳尔罚金。

---

〔1〕 被2020年7月30日第20-01号法令修正（第44/2020号政府公报第5页）。
〔2〕 被2020年7月30日第20-01号法令修正（第44/2020号政府公报第5页）。
〔3〕 被2020年7月30日第20-01号法令修正（第44/2020号政府公报第5页）。
〔4〕 被2020年7月30日第20-01号法令修正（第44/2020号政府公报第5页）。
〔5〕 被1982年2月13日第82-04号法律修正（第07/1982号政府公报第209页）。

第 153 条

玷污、损毁尸体，或者对尸体实施任何残暴或猥亵行为的，处 2 年至 5 年监禁和 500 第纳尔至 2000 第纳尔罚金。

第 154 条

藏匿或者使尸体失踪的，处 6 个月至 3 年监禁和 500 第纳尔至 1000 第纳尔罚金。

如果藏匿者明知是杀人罪的被害人或者因殴打和伤害而死亡的人的尸体的，处 2 年至 5 年监禁和 500 第纳尔至 5000 第纳尔罚金。

第 3 节 破坏封条和夺取公共保管的文书

第 155 条

明知地破坏或者力图破坏公共当局命令贴上的封条的，处 6 个月至 3 年监禁。

如果破坏或者力图破坏封条，是由守卫人实施、使用针对人身的暴力实施或者意图移除或销毁刑事诉讼中的定罪证据或文书而实施的，处 2 年至 5 年监禁。

第 156 条（废止）[1]

第 157 条

守卫人因为其疏忽大意为封条被破坏提供了便利的，处 1 个月至 6 个月监禁。

第 158 条

明知地毁灭、破坏、侵吞或者移除保存于档案馆、登记处或者公共保管室或者因为公共保管人的身份而移交给其的印有笺头的纸张、登记簿、契约、票据的，处 5 年至 10 年徒刑。

如果毁灭、破坏、侵吞、移除是由公共保管人实施或者使用针对人身的暴力实施的，处 10 年至 20 年徒刑。

---

[1] 被 1982 年 2 月 13 日第 82-04 号法令废止（第 07/1982 号政府公报第 218 页）。

第 159 条[1]

公共保管人因为其疏忽大意为前述毁灭、破坏、侵吞、移除提供了便利的，处 6 个月至 5 年监禁。

第 4 节 亵渎和贬损[2]

第 160 条[3]

故意和公然地毁灭、破坏、贬低或者亵渎《古兰经》的，处 5 年至 10 年监禁。

第 160a 条[4]

故意或者公开地撕破、破坏或者亵渎国徽的，处 5 年至 10 年监禁。

第 160b 条[5]

故意地贬低、损毁或者亵渎用于礼拜的场所的，处 2 年至 5 年监禁和 200 000 第纳尔至 500 000 第纳尔罚金。

第 160c 条[6]

故意地毁灭、推倒、破坏或者贬低下列对象的，处 2 个月至 5 年监禁和 500 第纳尔至 2000 第纳尔罚金：

——由公共当局或经其授权竖立或放置的供公共使用或装饰的纪念碑、雕像、绘画或其他物品；

---

[1] 被 1982 年 2 月 13 日第 82-04 号法律修正（第 07/1982 号政府公报第 209 页）。

[2] 被 1982 年 2 月 13 日第 82-04 号法律修正（第 07/1982 号政府公报第 218 页）。

[3] 被 1982 年 2 月 13 日第 82-04 号法律修正（第 07/1982 号政府公报第 209 页）。

[4] 被 1982 年 2 月 13 日第 82-04 号法律新增（第 07/1982 号政府公报第 216 页）。

[5] 被 1982 年 2 月 13 日第 82-04 号法律新增（第 07/1982 号政府公报第 216 页）；被 2020 年 4 月 28 日第 20-06 号法律修正（第 25/2020 号政府公报第 11 页）。

[6] 被 1982 年 2 月 13 日第 82-04 号法律新增（第 07/1982 号政府公报第 216 页）。

——放置在博物馆或其他向公众开放的建筑物中的任何纪念碑、雕像、绘画或者艺术品的。

第160d条[1]

故意地亵渎、毁灭、破坏或者贬低解放革命期间曾被使用的石柱、纪念碑、纪念牌匾、岩洞、避难所或者被列为革命象征的羁押和刑讯中心或任何其他地点的，处1年至10年监禁和5000第纳尔至20 000第纳尔罚金。

故意地毁灭、篡改或者破坏保存于博物馆或者任何向公众开放的其他建筑物中的具有历史意义或者与革命有关的文献的，处以相同的刑罚。

第160e条[2]

故意地亵渎、毁灭、破坏或者焚烧烈士的墓地和遗骸的，处5年至10年监禁和10 000第纳尔至50 000第纳尔罚金。

第160f条[3]

故意和公开地贬低或者损毁依法设立的与民族解放革命有关的特定勋章或标识的，处6个月至2年监禁，并处或者单处1000第纳尔至2000第纳尔罚金。

第160g条[4]

在第160d条、第160e条和第160f条规定所有情形下，法院可以命令剥夺第9a-1条规定的公民权利。

---

[1] 被1990年7月14日第90-15号法律新增（第29/1990号政府公报第822页）。

[2] 被1990年7月14日第90-15号法律新增（第29/1990号政府公报第822页）。

[3] 被1990年7月14日第90-15号法律新增（第29/1990号政府公报第822页）。

[4] 被1990年7月14日第90-15号法律新增（第29/1990号政府公报第822页）。

第 5 节　军队供应商的重罪与轻罪[1]

第 161 条[2]

负责供给的人员（无论是个人还是作为公司、企业的人员或代表阿尔及利亚国家人民军管理的人员），在没有因不可抗力而被迫这样做的情况下，不履行他负责的供应的，处 5 年至 10 年徒刑和不少于 2000 第纳尔、不超过民事赔偿 1/4 的罚金。但不影响在其与敌人勾结的情况下，处以更严厉的刑罚。

如果供应商和其代理人都参与该犯罪的，一并以犯罪论处。

公务员或者国家的工作人员、职员、雇员教唆或者帮助犯罪人不履行供应的，处 10 年至 20 年徒刑。但不影响在其与敌人勾结的情况下，处以更严厉的刑罚。

第 162 条

虽然供应没有不履行，但交货和工程因疏忽大意被迟延的，处 6 个月至 3 年监禁和不少于 500 第纳尔、不超过民事赔偿 1/4 的罚金。

第 163 条

如果所提供的工程、劳动或者物品在性质、质量或者数量上存在欺诈的，处 5 年至 10 年徒刑和不少于 2000 第纳尔、不超过民事赔偿 1/4 的罚金。

公务员参与欺诈的，处以前款规定的徒刑的上限；对该公务员，还可以处以禁止从事公共职务或者公共受雇 1 年至 5 年。

第 164 条

在本节规定的各种情况下，只有基于国防部长提出的控告才能提起追诉。

---

〔1〕第 5 节的标题被 1975 年 6 月 17 日第 75-47 号法令修正（第 53/1975 号政府公报第 614 页）。

〔2〕被 1975 年 6 月 17 日第 75-47 号法令修正（第 53/1975 号政府公报第 614 页）。

第6节 违反赌场、彩票和当铺条例的犯罪

第 165 条

在未获许可的情况下，开设赌场并接纳公众自由地或在分支机构、经纪人、经营利害关系人的介绍下进入其中的，处3个月至1年监禁和500第纳尔至20 000第纳尔罚金；赌场的庄家、管理人员、职员或者工作人员，处以相同的刑罚。

对犯罪人还可处禁止行使第14条所指的一项或多项权利和禁止居留1年至5年。

作为赌注的资金或财物、从该机构收银机中查获或在经营人及其工作人员身上发现的资金或财物、该场所配备或装饰的所有家具或可移动物品以及打算或已经用于赌博服务的设备，必须宣告予以没收。

第 166 条

第165条规定的刑罚和保安处分，适用于未获许可的彩票的正犯、组织者、管理者、雇员或者工作人员。

对在其中销售彩票的建筑物的没收，替代为与该建筑物评估价值相等的罚金。

第 167 条

以任何名义向公众提供的旨在激起通过运气获得收益希望的所有交易，视为彩票。

第 168 条

兜售、出售或者分销未获许可的彩票，或者通过通知、公告、海报或任何其他公开方式告知这些彩票的存在，或者协助发行这种彩票的，处1个月至3个月监禁和500第纳尔至5000第纳尔罚金。

兜售者、出售者、分销者所占有的款项以及销售这些彩票所得的款项，应当被宣告予以没收。

第 169 条〔1〕

在未获得公共当局批准的情况下,设立或者经营抵押或质押贷款公司的,处 2 年至 5 年监禁和 500 第纳尔至 20 000 第纳尔罚金。

第 7 节 与工业、商业及公开拍卖有关的犯罪

第 170 条

违反有关出口产品并且旨在保证其良好质量、性质和尺寸的条例的,处 500 第纳尔至 2000 第纳尔罚金和没收商品。

第 171 条(废止)〔2〕

第 172 条〔3〕

直接或通过中间人,以下列方式操纵或者试图操纵食品、商品、公共证券或者私人证券价格的人为上涨或下跌的,构成非法投机罪,处 6 个月至 5 年监禁和 5000 第纳尔至 100 000 第纳尔罚金:

1. 明知地向公众传播虚假或诽谤性的新闻或信息;

2. 出于扰乱价格目的向市场抛出报价;

3. 提出高于卖方所要求的价格;

4. 出于获得并非供需自然作用结果的利润的目的,通过单独、联合或结盟在市场上采取或者试图采取市场行动;

5. 通过任何欺诈方式或者手段。

第 173 条〔4〕

操纵或者试图操纵商业的谷物、面粉、含淀粉物质、食品、饮料、药品、燃料或肥料,谷物、面粉、粉状物质、食品、饮料、药

---

〔1〕 被 1982 年 2 月 13 日第 82-04 号法律修正(第 07/1982 号政府公报第 209 页)。

〔2〕 被 1990 年 2 月 6 日第 90-02 号法律废止(第 06/1990 号政府公报第 205 页)。

〔3〕 被 1990 年 7 月 14 日第 90-15 号法律修正(第 29/1990 号政府公报第 822 页)。

〔4〕 被 1990 年 7 月 14 日第 90-15 号法律修正(第 29/1990 号政府公报第 822 页)。

品、燃料或者肥料价格的上涨或下跌的，处 1 年至 5 年监禁和 1000 第纳尔至 10 000 第纳尔罚金。

第 173 a 条（废止）[1]

第 174 条

在第 172 条和第 173 条规定的所有情形下，对犯罪人还可处禁止居留 2 年至 5 年和禁止行使第 14 条所指的一项或多项权利（无论是否适用第 16a 条）。

即使在犯罪人的减轻情节被认可的情况下，法官也应当根据第 18 条的规定命令公布和张贴其决定。

第 175 条

在对不动产或动产的所有权、用益权、租赁或者企业、供给、开采或者服务的招标中，在招标或投标之前或期间，以粗暴行为、暴力或胁迫方式，阻碍或扰乱、试图阻碍或扰乱招标或投标自由的，构成妨碍拍卖自由罪，处 2 个月至 6 个月监禁和 500 第纳尔至 200 000 第纳尔罚金。

通过礼物、许诺、协议、欺诈手段排除或试图排除投标人、限制或试图限制招标或投标，以及收受这些礼物或接受这些许诺的，处以相同的刑罚。

第 175 a 条[2]

根据本法典第 51a 条规定的条件，宣告法人对本章规定的犯罪承担刑事责任。

根据第 18a 条规定的方式对法人处罚金，并在适用的情况下处以第 18a-2 条规定的刑罚。

对法人还可处第 18a 条规定的一种或者多种附加刑。

---

〔1〕 被 1990 年 7 月 14 日第 90-15 号法律新增（第 29/1990 号政府公报第 822 页）；被 2005 年 8 月 23 日第 05-06 号法律新增（第 59/2005 号政府公报第 7 页）。

〔2〕 被 2006 年 12 月 20 日第 06-23 号法律新增（第 84/2006 号政府公报第 17 页）。

第 8 节　违反有关出境法律和条例的犯罪[1]

第 175a-1 条

阿尔及利亚人或居留外国人，以在通过陆海空边防哨所时使用伪造的文书或者以盗用他人身份或任何其他欺诈手段逃避出示所需的官方文书或完成现行法律条例要求的程序的手段，非法离开国家领域的，在不影响其他现行立法规定的情况下，处 2 个月至 6 个月监禁，并处或者单处 20 000 第纳尔至 60 000 第纳尔罚金。

从非边防哨所的通道离开国家领域的，处以相同的刑罚。

第 6 章　危害公共安全的重罪与轻罪

第 1 节　犯罪团伙和帮助犯罪分子

第 176 条[2]

以准备实施一项或多项重罪或者可处至少 5 年监禁的侵犯人身和财产的轻罪为目的而成立的团伙或者共谋，不论其持续时间和成员人数，构成只是基于按约定共同行为的决意而存在的犯罪团伙。

第 177 条[3]

如果准备实施的犯罪是重罪的，对参加该犯罪团伙的行为，处 5 年至 10 年徒刑和 500 000 第纳尔至 1 000 000 第纳尔罚金。

如果准备实施的犯罪是轻罪的，处 2 年至 5 年监禁和 100 000 第纳尔至 500 000 第纳尔罚金。

领导犯罪团伙或者在其中行使指挥权的，处 10 年至 20 年徒刑和 1 000 000 第纳尔至 5 000 000 第纳尔罚金。

---

[1] 第 8 节被 2009 年 2 月 25 日第 09-01 号法律新增（第 15/2009 号政府公报第 4 页）。

[2] 被 2004 年 11 月 10 日第 04-15 号法律修正（第 71/2004 号政府公报第 8 页）。

[3] 被 2004 年 11 月 10 日第 04-15 号法律修正（第 71/2004 号政府公报第 8 页）。

第 177a 条[1]

在不影响本法第 42 条规定的情况下，下列行为构成参与本节规定的犯罪团伙：

1. 出于获得经济利益或其他物质利益的相关目的，两个或者更多的人之间达成实施本法第 176 条规定的犯罪的任何共谋；

2. 明知犯罪团伙的宗旨或者实施所指犯罪的意图的人：

a）在知道他的参与将有助于实现该团伙的犯罪宗旨的情况下，积极参与犯罪团伙的活动和该团伙的其他活动；

b）通过帮助或建议，积极参与组织、指挥、促进、鼓励或者支持实施涉及犯罪团体的犯罪的行为。

第 177b 条[2]

根据前述第 51a 条规定的条件，宣告法人对本法第 176 条规定的犯罪承担刑事责任。对其处相当于本法第 177 条对自然人规定的罚金上限 5 倍的罚金。

对其还可处下列一种或多种刑罚：

1. 没收用于实施犯罪的物品或者犯罪所生之物品；

2. 禁止直接或间接从事犯罪实施于其中或与其实施有关的活动 5 年；

3. 排斥参与公共采购 5 年；

4. 关闭法人的场所或其某一附属机构，期间不得超过 5 年；

5. 解散法人。

第 178 条

通过提供犯罪设备、通信工具、住宿或者集合场所，明知和自愿地帮助实施第 176 条规定犯罪的正犯的，处 5 年至 10 年徒刑。

---

[1] 被 2004 年 11 月 10 日第 04-15 号法律新增（第 71/2004 号政府公报第 8 页）。

[2] 被 2004 年 11 月 10 日第 04-15 号法律新增（第 71/2004 号政府公报第 8 页）。

第 179 条

在作为团伙或者共谋目的的犯罪达到未遂和任何追诉被启动之前，犯罪人向当局交待所达成的共谋或者该团伙的存在的，根据第 52 条规定的条件享受免除处罚事由的处遇。

第 180 条

除第 42 条和第 91 条第 2 款、第 3 款和第 4 款规定的情形外，明知是实施了重罪或者因该行为被司法机关通缉的人故意地予以窝藏，或者明知地使重罪犯罪人逃避或企图逃避逮捕或追查，或者帮助其藏匿或逃跑的，处 1 年至 5 年监禁，并处或者单处 1000 第纳尔至 10 000 第纳尔罚金。

前款规定不适用于犯罪人四等以内的血亲和姻亲，但对不满 13 周岁的未成年人实施的犯罪除外。

第 181 条

除第 91 条第 1 款规定的情况外，明知已经未遂或既遂的重罪却不立即通知当局的，处 1 年至 5 年监禁，并处或者单处 1000 第纳尔至 10 000 第纳尔罚金。

第 182 条

在不影响可能适用本法典和特别法规定更重的刑罚的情况下，针对被视为重罪的行为或者危害人的身体完整性的轻罪，能够以不会危及其本人或者第三人的立即的行为加以阻止却故意不作为的，处 3 个月至 5 年监禁，并处或者单处 500 第纳尔至 15 000 第纳尔罚金。

在能够以本人的行为或者寻求帮助的方式提供帮助的情况下，故意地不向处于危险中的人提供不会危及其本人或者第三人的帮助的，处以相同的刑罚。

明知因为重罪或轻罪被审前羁押或审判的人无罪的证据，故意地不立即向司法机关或警察机关提供证据的，处以相同的刑罚。但是，对于虽然迟延但仍然自发作证的人，不判处刑罚。

前款规定不适用于被追诉行为的犯罪人、其共同正犯、共犯以及四等以内的血亲或姻亲。

第 2 节 叛 乱

第 183 条

针对正在为执行公共当局发出的命令、裁定或法律、条令、司法决定、司法令状而行事的公共机关的官员或代表，实施暴力或者粗暴行为的，均构成叛乱。

暴力威胁等同于暴力本身。

第 184 条〔1〕

叛乱由一人或者两人实施的，处 3 个月至 2 年监禁，并处或者单处 500 第纳尔至 1000 第纳尔罚金。

如果犯罪人或者其中一人持有武器的，处 6 个月至 3 年监禁和 1000 第纳尔至 5000 第纳尔罚金。

第 185 条〔2〕

叛乱由超过两个人的集合实施的，处 1 年至 3 年监禁和 500 第纳尔至 5000 第纳尔罚金。

如果在集合中有不止两个的人携带可见的武器的，处 2 年至 5 年监禁和 1000 第纳尔至 10 000 第纳尔罚金。

前款所规定的刑罚，单独适用于被证明持有隐藏武器的人。

第 186 条〔3〕

参加集合但未在其中担任任何工作或者职务的人，在公共当局第一次警告时就退出的，不对叛乱罪宣告刑罚。

---

〔1〕 被 1982 年 2 月 13 日第 82-04 号法律修正（第 07/1982 号政府公报第 209 页）。

〔2〕 被 1982 年 2 月 13 日第 82-04 号法律修正（第 07/1982 号政府公报第 209 页）。

〔3〕 被 1982 年 2 月 13 日第 82-04 号法律修正（第 07/1982 号政府公报第 209 页）。

第 187 条[1]

通过粗暴行为反对执行公共当局命令或批准的工程地进行的，处 3 个月至 1 年监禁和不少于 1000 第纳尔、不超过民事赔偿 1/4 的罚金。

以聚集、胁迫或者暴力反对这些工程地进行的，处 3 个月至 2 年监禁和前款规定的罚金。

第 187a 条[2]

不服从以规定形式确定和告知的征用命令的，处 2 个月至 6 个月监禁，并处或者单处 1000 第纳尔至 10 000 第纳尔罚金。

第 187a-1 条[3]

以任何方式出于任何原因不恰当地关闭政府部门、公共机构、提供公共服务的其他机构或地方行政单位的所在地的，处 3 年至 7 年监禁和 300 000 第纳尔至 700 000 第纳尔罚金。

如果第 1 款所指的行为阻碍了政府部门、公共机构、提供公共服务的其他机构或地方行政单位的进出和/或其正常运作，或者妨碍了其工作人员履行职责的，处 5 年至 10 年监禁和 500 000 第纳尔至 1 000 000 第纳尔罚金。

如果本条所指的行为是使用武力、威胁使用武力、由超过 2 个人或者携带武器实施的，处 10 年至 20 年监禁和 1 000 000 第纳尔至 2 000 000 第纳尔罚金。

本罪的未遂，处与对既遂罪所规定刑罚相同之刑罚。

---

〔1〕被 1982 年 2 月 13 日第 82-04 号法律修正（第 07/1982 号政府公报第 209 页）。

〔2〕被 2001 年 6 月 26 日第 01-09 号法律新增（第 34/2001 号政府公报第 15 页）。

〔3〕被 2021 年 12 月 28 日第 21-14 号法令新增（第 99/2021 号政府公报第 10 页）。

第 3 节 脱 逃

第 188 条 [1]

基于令状或司法决定被依法逮捕或者羁押的人，从主管当局指定的羁押场所、工作场所或者在转移过程中脱逃或企图脱逃的，处 2 年至 3 年监禁。

如果以针对人身的暴力或胁迫、破坏围墙或者破门的方式越狱或企图越狱的，处 2 年至 5 年监禁。

第 189 条

在执行第 188 条规定的过程中，作为第 35 条的例外，对脱逃或企图脱逃的被羁押人所判处的刑罚，与对引起逮捕或羁押的犯罪所判处的有期剥夺自由刑进行累加。

如果对后面犯罪的追诉被不起诉裁定或命令、免除刑罚或宣告无罪的决定终止的，则因该犯罪所受预防性羁押的期间不能从对脱逃或企图脱逃所宣告的刑罚的刑期中扣除。

第 190 条

担任押运或看守岗哨的国家人民军或警察的首席指挥官或其下属、监狱管理公务员和所有其他看守或教导囚犯的职员，如果因为疏忽大意导致脱逃或者为脱逃提供便利的，处 1 个月至 2 年监禁。

第 191 条

第 190 条所指的任何人促使或者协助囚犯越狱或者企图越狱的，即使囚犯对此不知情并且既没有脱逃既遂也没有企图脱逃，构成纵容脱逃罪，处 2 年至 5 年监禁。即使其协助的只是构成自动中止的越狱，也应处以相同的刑罚。

如果帮助包括提供武器的，刑罚可以加重 1 倍。

在所有情况下，对犯罪人还应处禁止从事公共职务或公共受雇 1 年至 5 年。

---

[1] 被 1975 年 6 月 17 日第 75-47 号法令修正（第 53/1975 号政府公报第 614 页）；被 1982 年 2 月 13 日第 82-04 号法律修正（第 07/1982 号政府公报第 209 页）。

第 192 条

第 190 条规定以外的人促使或者协助脱逃或企图脱逃的，即使脱逃没有既遂，处 1 个月至 6 个月监禁和 500 第纳尔至 1000 第纳尔罚金。

如果存在看守人的腐败或者纵容的，处 6 个月至 2 年监禁和 1000 第纳尔至 2000 第纳尔罚金。

如果帮助脱逃包括提供武器的，处 2 年至 5 年监禁和 1000 第纳尔至 4000 第纳尔罚金。

第 193 条[1]

明知地促使或者协助脱逃的人，应当对被羁押的脱逃人所造成的损失承担连带责任。

第 194 条

对因为加功于脱逃或者企图脱逃而被判处 6 个月以上监禁的人，还可以禁止行使第 14 条所指的一项或多项权利和禁止居留 1 年至 5 年。

第 4 节 乞讨和流浪[2]

第 195 条

有生活资料、能够通过工作或以任何其他合法方式获得生活资料的人，惯常地到处进行乞讨的，处 1 个月至 6 个月监禁。

第 195a 条[3]

带 18 周岁以下的未成年人乞讨或者让其乞讨的，处 6 个月至 2 年监禁。

如果犯罪行为人是未成年人的尊亲属或者对其具有权力的人

---

[1] 被 1975 年 6 月 17 日第 75-47 号法令修正（第 53/1975 号政府公报第 614 页）。

[2] 标题被 1982 年 2 月 13 日第 82-04 号法律修正（第 07/1982 号政府公报第 218 页）；被 2014 年 2 月 4 日第 14-01 号法律修正（第 07/2014 号政府公报第 5 页）。

[3] 被 2014 年 2 月 4 日第 14-01 号法律新增（第 07/2014 号政府公报第 5 页）。

的，刑罚加重1倍。

第 196 条

既没有特定的住所也没有生活资料的人，虽然能够工作，但不惯常地从事手艺或职业，并且无正当理由地不找工作或者拒绝提供给他的有偿工作的，构成流浪罪，处1个月至6个月监禁。

第6A章 散布、宣传危害公共秩序和公共安全的信息或新闻〔1〕

第 196a 条〔2〕

以任何手段在公共场合故意地散布或者宣传可能破坏公共安全或秩序的虚假的或诽谤性的信息或新闻的，处1年至3年监禁和100 000第纳尔至300 000第纳尔罚金。

对于累犯，刑罚加重1倍。

第7章 伪 造

第1节 伪造货币

第 197 条〔3〕

伪造、篡改或者变造下列对象的，处无期徒刑：

1. 在本国或国外作为法定货币的金属货币或纸币；
2. 由国库发行的带有其印章或标志的证券、认股权证、债券或者与这些证券、认股权证、债券有关的息票。

如果发行的货币、证券、认股权证、债券的价值低于500 000第纳尔的，处10年至20年徒刑和1 000 000第纳尔至2 000 000第

---

〔1〕 被2020年4月28日第20-06号法律修正（第25/2020号政府公报第11页）。

〔2〕 被1982年2月13日第82-04号法律新增（第07/1982号政府公报第216页）；被2014年2月4日第14-01号法律废止（第07/2014号政府公报第7页）；被2020年4月28日第20-06号法律新增（第25/2020号政府公报第11页）。

〔3〕 被1975年6月17日第75-47号法令修正（第53/1975号政府公报第614页）；被2006年12月20日第06-23号法律修正（第84/2006号政府公报第17页）。

纳尔罚金。

第60a条的规定适用于本条规定的犯罪。

第198条[1]

以任何方式明知地参与前述第197条所指的货币、证券、认股权证、债券的发行、分销、销售或者引入本国领域的，处无期徒刑。

如果货币、证券、认股权证、债券的价值低于500 000第纳尔的，处10年至20年徒刑和1 000 000第纳尔至2 000 000第纳尔罚金。

第60a条的规定适用于本条规定的犯罪。

在危害国家安全的重罪与轻罪实行或者未遂之前，向行政机关或者司法机关报告有关情况的，免除应处的刑罚。

如果自首发生在犯罪既遂或未遂之后、追诉开始之前，则刑罚只减轻一等。

第199条

前两条所指犯罪的犯罪人在这些犯罪完成和进行任何追诉之前，向当局报告其罪行并透露正犯的身份，或者在追诉程序开始之后如此为之外还协助逮捕其他犯罪人的，根据第52条规定的条件享受免除处罚事由的处遇。

对因此免除处罚的个人，仍可被禁止居留5年至10年。

第200条[2]

意图使人弄错金属的性质而在本国或国外作为法定货币的硬币上色，或者发行如此上色的硬币或将其引入本国领域的，处6个月至3年监禁和50 000第纳尔至300 000第纳尔罚金。

参与上色、发行或引入上述硬币的，处以相同的刑罚。

---

〔1〕被1975年6月17日第75-47号法令修正（第53/1975号政府公报第614页）；被2006年12月20日第06-23号法律修正（第84/2006号政府公报第18页）。

〔2〕被2006年12月20日第06-23号法律修正（第84/2006号政府公报第18页）。

第 201 条

相信其是真实的而收受伪造、篡改、变造或上色的金属货币或纸币的人，在不知道其缺陷的情况下将其重新投入流通的，不处罚。

在发现所述货币的缺陷后将其重新投入流通的，处 1 个月至 6 个月监禁和相当于重新投入流通金额 4 倍的罚金。

第 202 条

制造、发行、分销、出售旨在补充或替代法定货币的货币符号，或者将其引入共和国领域的，处 1 年至 5 年监禁和 500 第纳尔至 2000 第纳尔罚金。

第 203 条

制造、获取、持有或者转让用于制造、伪造、篡改货币或公共信用票据的产品或者材料，如果不构成更严重的犯罪的，处 2 年至 5 年监禁和 500 第纳尔至 5000 第纳尔罚金。

第 204 条

对第 197 条和第 201 条至第 203 条所指的犯罪，应当宣告第 15 条规定的没收。

第 2 节 伪造国玺、字锤、印章和标识

第 205 条

伪造国玺或者使用伪造的国玺的，处无期徒刑。

第 199 条规定的免除处罚事由，适用于前款所指的犯罪人。

第 206 条[1]

伪造或篡改一枚或多枚国家印章、一枚或多枚用于森林标志的国家字锤、一枚或多枚用于标记金银材料的钢印，或者使用篡改或者伪造的印章、证件、字锤、钢印的，处 5 年至 10 年徒刑和 500 000 第纳尔至 1 000 000 第纳尔罚金。

---

[1] 被 2006 年 12 月 20 日第 06-23 号法律修正（第 84/2006 号政府公报第 18 页）。

第 207 条[1]

不正当地取得第 206 条所指的国家的真实印章、标志或钢印的人对之进行有损国家权益的应用或者使用的,处 5 年至 10 年徒刑和 500 000 第纳尔至 1 000 000 第纳尔罚金。

第 208 条

有下列行为,未构成更严重的犯罪的,处 1 个月至 6 个月监禁,并处或者单处 500 第纳尔至 1000 第纳尔罚金:

1. 在没有国家或权力机关的合格代表的书面命令的情况下,制作国家或该权力机关的图章、印章、印影或标志的;

2. 制造、持有、分销、购买或者出售可能与国家或任何权力机关(甚至外国的)相混淆的图章、国玺、标志、印影的。

第 209 条

有下列行为的,处 1 年至 5 年监禁和 500 第纳尔至 10 000 第纳尔罚金:

1. 伪造以政府或公用事业的名义贴附在各种食品或商品上的标志,或者使用这些虚假标志的;

2. 伪造任何权力机关的图章、印章或标志,或者使用这些伪造的图章、印章或标志的;

3. 伪造事业组织、公共管理部门或各个法院正在使用的印有笺头的纸张或者官方印制的表格,或者出售、兜售、分销或使用如此伪造的纸张或印制表格的;

4. 伪造或篡改邮政管理部门发行的邮票、邮资印记或回信优惠券、非固定的印花税票、贴有印花的纸张或表格,或者出售、兜售、分销或明知地使用上述伪造或篡改的邮票、印记、回信优惠券、印花税票、贴有印花的纸张或表格的。

对犯罪人还可处禁止行使第 14 条所指的一项或多项权利和禁止

---

〔1〕 被 2006 年 12 月 20 日第 06-23 号法律修正(第 84/2006 号政府公报第 18 页)。

居留1年至5年。

上述所列的犯罪的未遂，处以与对既遂罪所规定刑罚相同之刑罚。

第210条

不正当地取得第209条所指的国家的真实图章、标志或印记的人对之进行欺诈性地应用或者使用的，处6个月至3年监禁和500第纳尔至5000第纳尔罚金。

对犯罪人还可处禁止行使第14条所指的一项或多项权利和禁止居留1年至5年。

第211条

有下列行为之一的，处2个月至1年监禁和500第纳尔至1 000第纳尔罚金：

1. 明知地使用已经使用过的邮票、非固定的印花税票、贴有印花的纸张或表格，或者以任何方式对其进行变造以便避免其作废从而使其继续使用的；

2. 以印刷、穿孔或任何其他方式增大邮票或其他邮政信用证券（无论是否过期）的面值，或者出售、兜售、提供、分销、出口被如此增大面值的邮票的；

3. 伪造、发行或者变造外国邮政部门发行的邮票图案、邮票、邮资印记或回信优惠券，或者出售、贩卖或分销上述邮票图案、邮票、邮资印记或回信优惠券或明知地进行使用的。

第212条

有下列行为之一的，处1个月至6个月监禁，并处或者单处500第纳尔至2000第纳尔罚金：

1. 制造、销售、兜售或者分销通过任何方法获得并且通过其外在形状呈现出与下列物品的相似性以便代替特定的价值被接受的物品、印刷品或表格：在阿尔及利亚或国外作为法定货币的金属货币或纸币；邮政、电报、电话部门或国家经营的公债券、邮票图案、邮票；由国家、地方当局、公共机构以及社团、公司或私营企业发行的贴有印花的纸张或表格、股票、债券、权益股份、依附于且通常与信用证券并存的股息或利息券；

2. 制造、销售、兜售、分销或者使用通过其格式、颜色、文本、排版或任何其他特征具有与事业组织、公共管理部门或各个法院正在使用的带有笺头的纸张或公务印制表格的相似性从而可能引起公众误解的印刷品的。

第 213 条

对本节规定犯罪，应当宣告第 15 条规定的没收。

第 3 节　伪造公文书或者公证文书

第 214 条〔1〕

法官、公务员或者公务助理人员，在履行职责时以下列方式在公文书或者公证文书中实施伪造的，处无期徒刑：

1. 虚假签名；
2. 变造契约、账簿或者签名；
3. 假冒或者替换人员；
4. 于登记簿或其他公文书制作或截止以后，在其中撰写或插入文字。

第 215 条

法官、公务员或者公务助理人员通过书写并非当事人拟定或口述的协议、将明知虚假的事实确认为真实、对他参与的已被承认或已经发生的事实作虚假证明或者故意地忽略或修改他收到的声明，起草欺诈地歪曲主旨或情节的职务文书的，处无期徒刑。

第 216 条〔2〕

第 215 条规定以外的人员，以下列方式在公文书或者公证文书

---

〔1〕 被 1982 年 2 月 13 日第 82-04 号法律修正（第 07/1982 号政府公报第 209 页）。

〔2〕 被 2006 年 12 月 20 日第 06-23 号法律修正（第 84/2006 号政府公报第 18 页）。

中实施伪造的，处 10 年至 20 年徒刑和 1 000 000 第纳尔至 2 000 000 第纳尔罚金：

1. 伪造或者变造文字或签名；
2. 捏造协议、条款、债务、义务免除或者随后将其写入这些文书；
3. 对这些文书意图接受和记录的条款、声明或事实进行添加、省略或更改；
4. 假冒或者替换人员。

第 217 条

不是文书当事人的人向在公职人员面前作出其明知是不真实的陈述的，处 1 年至 5 年监禁和 500 第纳尔至 1000 第纳尔罚金。

但是，作为见证人在公职人员面前作出与事实不符陈述的人，如果在该文书的使用对他人造成损害和他本人成为追诉对象之前撤回的，根据第 52 条规定的条件享受免除处罚事由的处遇。

第 218 条

在本节所指的情形下，使用其明知是伪造的文书的，处 5 年至 10 年徒刑。

第 4 节　伪造私文书、商业文书或者银行文书

第 219 条

以第 216 条规定的方式之一伪造或者企图伪造商业文书或银行文书的，处 1 年至 5 年监禁和 500 第纳尔至 20 000 第纳尔罚金。

对犯罪人还可处禁止行使第 14 条所指的一项或多项权利和禁止居留 1 年至 5 年。

如果犯罪行为人是为了发行某公司或工商企业的股票、债券、认股权证、股份或任何种类的证券而向公众呼吁的银行家、公司董事以及一般人的，第 1 款规定的刑罚的上限可以加重 1 倍。

第 220 条

以第 216 条规定的方式之一在私人文书中实施或者企图实施伪造的，处 1 年至 5 年监禁和 500 第纳尔至 2000 第纳尔罚金。

对犯罪人还可处禁止行使第 14 条所指的一项或多项权利和禁止

居留 1 年至 5 年。

第 221 条

在本节所指的情形下，使用或者企图使用其明知是伪造的文书的，根据第 219 条至第 220 条规定的不同情形，处以伪造罪的刑罚。

第 5 节　伪造特定的行政文书和证书

第 222 条

伪造、篡改或者变造用于确认权利、身份、质量或给予授权的许可证、证书、证件、卡片、公告、收据、护照、任务单、路线图、通行证或者公共行政部门签发的其他文书的，处 6 个月至 3 年监禁和 1500 第纳尔至 15 000 第纳尔罚金。

对犯罪人还可处禁止行使第 14 条所指的一项或多项权利和禁止居留 1 年至 5 年。

本罪的未遂，处与对既遂罪所规定刑罚相同之刑罚。

有下列情形之一的，处以相同的刑罚：

1. 明知地使用上述伪造、篡改或变造的文书的；

2. 明知其中包含的信息已变得不完整或不准确而使用第 1 款中所指的文书的。

第 223 条

通过做出虚假声明、使用虚假名称或虚假质量、提供虚假信息、证书或证明，不正当地签发或者企图不正当地签发第 222 条所指的文书的，处 3 个月至 3 年监禁和 500 第纳尔至 5000 第纳尔罚金。

使用在上述条件下获得的文书或者以非本人名义制作的文书的，处以相同的刑罚。

公务员签发或者促使签发第 222 条所指文书给其知道无权获得的人，如果未构成更严重的犯罪的，处 1 年至 5 年监禁和 1500 第纳尔至 15 000 第纳尔罚金。此外，还能处以禁止行使第 14 条所指的一项或多项权利 1 年至 5 年。

第 224 条

房东和旅馆老板明知的以不真实或假冒的姓名在其登记簿中登

记住在其房屋中的人，或与之串通对他们不予登记的，处 1 个月至 6 个月监禁，并处或者单处 500 第纳尔至 5000 第纳尔罚金。

第 225 条[1]

为了免除自己或他人的公用事业职责，以医生、外科医生、牙医或助产士的名义出示疾病或体弱证明的，处 1 个月至 3 年监禁和 100 000 第纳尔至 300 000 第纳尔罚金。

第 226 条

医生、外科医生、牙医、医疗卫生官员或者助产士在履行其职责时帮助某人虚假地证明或隐瞒疾病、体弱或怀孕状态的存在，或者提供有关疾病、体弱的起因或死亡原因的虚假指示，如果未构成更严重的犯罪的，处 1 年至 3 年监禁。

对犯罪人还可处禁止行使第 14 条所指的一项或多项权利 1 年至 5 年。

第 227 条

在无资格的情况下，以公务员或公务助理人员的名义出具可能引起权力机关或个人对证明所指的人的善心的品行良好、贫困或与其他情况有关的证明书，以为其争取名额、信贷或救济的，处 6 个月至 2 年监禁。

有下列情形的，处以相同的刑罚：

1. 篡改原本真实的证明书使其适用于原始被签发人以外的人的；

2. 使用被如此伪造或篡改的证明书的。

如果该证明书是以个人名义制作的，则对其篡改或使用行为，处 1 个月至 6 个月监禁。

第 228 条

有下列情形之一，未构成更严重的犯罪的，处 6 个月至 2 年监

---

[1] 被 2006 年 12 月 20 日第 06-23 号法律修正（第 84/2006 号政府公报第 18 页）。

禁，并处或者单处 600 第纳尔至 6000 第纳尔罚金：
1. 制作与重大不准确事实有关的证明或证书；
2. 以任何方式篡改或修改原本真实的证明或证书；
3. 明知地使用不准确或篡改的证明或证书。

第 228a 条[1]

出于欺诈目的，在执行国家或本法第 396a 条所指的委托其管理的机构的账目和预算方面实施不合规行为的，处 2 年至 10 年监禁和 10 000 第纳尔至 100 000 第纳尔罚金。

第 229 条

如果损害国库或者第三方的，对本节所惩治的伪造，无论是伪造公文书或者公证文书，还是伪造私文书、商业文书或者银行文书，将根据其性质进行处罚。

第 6 节 共同规定

第 230 条

在使用伪造物品的人对伪造不存在明知的情况下，不适用对使用虚假、伪造、编造或篡改的硬币、纸币、印章、图章、字锤、钢印、标志和文书的人所规定的刑罚。

第 231 条

对该犯罪人，处 500 第纳尔至 15 000 第纳尔罚金；但是，该罚金可以加重到这些重罪或轻罪的正犯、共犯或者使用这些伪造文书的人通过伪造获得或企图获得的非法利润的 1/4。

第 7 节 伪证和虚假宣誓

第 232 条

在重罪案件中犯伪证罪的，无论是不利还是有利于被告人，处 5 年至 10 年徒刑。

---

[1] 被 2001 年 6 月 26 日第 01-09 号法律新增（第 34/2001 号政府公报第 15 页）。

如果伪证人接受金钱、任何酬劳或者承诺的，处10年至20年徒刑。

如果被告人被判处有期徒刑以上刑罚的，对作证对其不利的伪证人，处以与之相同的刑罚。

第233条

在轻罪案件中犯伪证罪的，无论是不利还是有利于被告人，处2年至5年监禁和500第纳尔至7500第纳尔罚金。

如果伪证人接受金钱、任何酬劳或者承诺的，监禁可以加重到10年，罚金的上限可加重到15 000第纳尔。

第234条

在违警罪案件中犯伪证罪的，无论是不利还是有利于被告人，处1年至3年监禁和500第纳尔至1800第纳尔罚金。

如果伪证人接受金钱、任何酬劳或者许诺的，处2年至5年监禁和500第纳尔至7500第纳尔罚金。

第235条

在民事或者行政案件中犯伪证罪的，处2年至5年监禁和500第纳尔至2000第纳尔罚金。

如果伪证人接受金钱、任何酬劳或者承诺的，监禁可以加重到10年，罚金的上限可加重到4000第纳尔。

本条的规定适用于向刑事法庭提起的附带于刑事诉讼的民事诉讼中的伪证。

第236条

在任何案件中、在诉讼程序的任何状态下或者为了在法庭上提出请求或抗辩，使用许诺、提议、礼物、施压、胁迫、粗暴行为、诡计或欺骗手段，诱使他人做出陈述、声明或出具虚假证明（无论收买是否产生效果）的，如果不构成第232条、第233条和第235条规定的更严重犯罪的共犯的，处1年至3年监禁，并处或者单处500第纳尔至2000第纳尔罚金。

第 237 条

在刑事、民事或行政案件中，如果翻译人明知地歪曲口头声明或口头翻译文书的实质内容的，根据第 232 条至第 235 条规定的不同的情形，处以伪造文书犯罪的刑罚。

如果这种歪曲发生在对意图或能够证明权利或具有法律效力的事实的文书的书面翻译中的，按照被歪曲文书的性质，根据第 214 条至第 221 条规定的不同的情形，对翻译人处以伪造文书犯罪的刑罚。

第 238 条

在诉讼程序的任何状态下，由司法当局指定的专家口头或书面提供虚假意见或者确认其明知不符合实际情况的事实的，根据第 232 条至第 235 条规定的不同的情形，处以伪证罪的刑罚。

第 239 条

收买专家或者翻译人的，根据第 236 条的规定以贿赂证人罪处罚。

第 240 条

被要求或者要求在民事案件中宣誓的人做出虚假宣誓的，处 1 年至 5 年监禁和 500 第纳尔至 2000 第纳尔罚金。

第 241 条

在根据本节的某一条文仅被处以轻罪刑罚的情形下，对犯罪人还可处禁止行使本法典第 14 条所指的一项或多项权利 5 年至 10 年。

第 8 节 篡夺或者违规使用职务、头衔或者姓名

第 242 条[1]

没有职衔的人插手公共、民事、军事职责或者执行这些职责的行为，未构成更严重的犯罪的，处 1 年至 5 年监禁和 100 000 第纳尔

---

[1] 被 2006 年 12 月 20 日第 06-23 号法律修正（第 84/2006 号政府公报第 18 页）。

至 500 000 第纳尔罚金。

第 243 条

在不满足所需拥有条件的情况下，使用或者声称附属于法律规定的职业、正式文凭或由公共当局确定授予条件的身份的头衔的，处 3 个月至 2 年监禁，并处或者单处 500 第纳尔至 5000 第纳尔罚金。

第 244 条

在没有资格的情况下，公开地穿着规定制服、某一职务或身份的特有服装、国家或外国的官方徽章或勋章的装饰，如果本行为没有被规定为更严重犯罪的加重情节的，处 3 个月至 1 年监禁，并处或者单处 120 第纳尔至 1000 第纳尔罚金。

第 245 条

在公文书中或者惯常地不当地赋予自己职衔或勋章的，处 1 个月至 2 个月监禁或者 500 第纳尔至 1000 第纳尔罚金。

第 246 条[1]

任何公开穿着与阿尔及利亚国家人民军、国家安全部、海关总署、行使司法警察或辅助警察部队职责的公务员的制服类似的具有可能会引起公众误解的相似性的服装的，处 1 个月至 6 个月监禁，并处或者单处 500 第纳尔至 2500 第纳尔罚金。

第 247 条

在公文书、公证文书或者提供给公共当局的行政文书中不当地使用不是其本人的姓名的，处 500 第纳尔至 5000 第纳尔罚金。

第 248 条[2]

通过使用虚假姓名或者虚假身份使第三人的犯罪记录摘录的，

---

〔1〕 被 1975 年 6 月 17 日第 75-47 号法令修正（第 53/1975 号政府公报第 614 页）。

〔2〕 被 2006 年 12 月 20 日第 06-23 号法律修正（第 84/2006 号政府公报第 18 页）。

处 6 个月至 3 年监禁和 50 000 第纳尔至 300 000 第纳尔罚金。

第 249 条〔1〕

在引起或者可能引起某一定罪被载入第三人的犯罪记录的情况下，冒用该第三人姓名的，处 1 年至 5 年监禁和 100 000 第纳尔至 500 000 第纳尔罚金。在能适用的情况下，不影响对其伪造犯罪的追诉。

通过与被告人身份有关的虚假陈述，明知地导致该定罪被载入非被告人的某人的犯罪记录中的，处以相同的刑罚。

第 250 条

在本节规定的所有情形下，法院可以命令在其指定的报纸公布或者在其指定的场所张贴其决定的全部或摘要，费用由被定罪人承担。

在必要的情况下，同一法院可以命令在不正当使用头衔或者变更姓名的公证文书或者身份文书的空白处提及所做出的该判决。

第 251 条（废止）〔2〕

第 252 条

具有商业、工业或金融目的的公司或机构的创建人、领导人或管理人，在为了其领导或者提议建立的企业的利益所进行的任何广告中列入或允许出现政府成员或议会成员的姓名并提及其身份的，处 1 个月至 6 个月监禁，并处或者单处 500 第纳尔至 50 000 第纳尔罚金。

第 253 条

具有商业、工业或金融目的的公司或机构的创建人、领导人或管理人，在为了其领导或者提议建立的企业的利益所做的任何广告

---

〔1〕被 2006 年 12 月 20 日第 06-23 号法律修正（第 84/2006 号政府公报第 18 页）。

〔2〕被 1975 年 6 月 17 日第 75-47 号法令废止（第 53/1975 号政府公报第 614 页）。

中列入或允许出现前任政府成员、现任或前任法官、现任或前任公务员、高官的姓名并提及其身份的，应处以第252条规定的刑罚。

第253a条[1]

根据本法典第51a条规定的条件，宣告法人对本章规定的犯罪承担刑事责任。

对法人处本法典第18a条规定的刑罚，并在适用的情况下处以第18a-2条规定的刑罚。

对法人还可处第18a条规定的一种或者多种附加刑。

第8章　伪造以获取公共补贴、公共救济和社会减免[2]

第253a-1条[3]

在伪造文书、虚假申报或者使用虚假或不完整信息后，从国家、地方当局或任何其他公共机构获得金钱救济、物资救济、实物救济或者社会事务中的减免的，在不影响处以更重的刑罚的情况下，处1年至3年监禁和100 000第纳尔至300 000第纳尔罚金。

不再满足受益条件的人，继续接受本条提到的补贴、救济、减免或者从中不当受益的，处以相同的刑罚。

改变本条规定的补贴和援助的用途的，处2年至3年监禁和200 000第纳尔至300 000第纳尔罚金。

对于累犯，刑罚加重1倍。

第253a-2条[4]

除第253a-1条规定的刑罚外，在定罪时宣布归还所不正当获

---

[1] 被2006年12月20日第06-23号法律新增（第84/2006号政府公报第18页）。

[2] 被2020年4月28日第20-06号法律新增（第25/2020号政府公报第11页）。

[3] 被2020年4月28日第20-06号法律新增（第25/2020号政府公报第11页）。

[4] 被2020年4月28日第20-06号法律新增（第25/2020号政府公报第11页）。

得的补贴、金钱救济、物资救济、实物救济、减免或者它们的价值，并没收由此产生的资金。

第 253a-3 条[1]

公务员便利或协助任何人不正当地获得本章规定的补贴、救济和减免的，在不影响处以更重的刑罚的情况下，处 1 年至 5 年监禁和 100 000 第纳尔至 500 000 第纳尔罚金。

第 253a-4 条[2]

在因为本章规定的犯罪被认定有罪时，还可对犯罪人处以禁止行使本法典第 9a-1 条所指的一项或多项权利。

第 253a-5 条[3]

本章规定犯罪的未遂，处与对既遂罪所规定刑罚相同之刑罚。

第 9 章 损害考试和比赛的诚信[4]

第 253a-6 条[5]

在考试或比赛之前或期间，散布或泄露小学、初中、高中期末考试科目或者高等教育、职业培训教育竞赛以及国家级职业竞赛的试题或答案的，处 1 年至 3 年监禁和 100 000 第纳尔至 300 000 第纳尔罚金。

在本条第 1 款所述的考试和比赛中更换候选人的，处以相同的刑罚。

---

[1] 被 2020 年 4 月 28 日第 20-06 号法律新增（第 25/2020 号政府公报第 11 页）。

[2] 被 2020 年 4 月 28 日第 20-06 号法律新增（第 25/2020 号政府公报第 11 页）。

[3] 被 2020 年 4 月 28 日第 20-06 号法律新增（第 25/2020 号政府公报第 11 页）。

[4] 被 2020 年 4 月 28 日第 20-06 号法律新增（第 25/2020 号政府公报第 11-12 页）。

[5] 被 2020 年 4 月 28 日第 20-06 号法律新增（第 25/2020 号政府公报第 11 页）。

第二部分 罪　名

第 253a-7 条[1]

如果第 253a-6 条所指的行为的实施具有下列情形的，处 5 年至 10 年监禁和 500 000 第纳尔至 1 000 000 第纳尔罚金：

——由负责准备、组织、管理或者监督考试和比赛的人员实施的；

——由一群人实施的；

——使用数据自动化处理系统实施的；

——使用远程通信手段实施的。

第 253a-8 条[2]

如果第 253a-6 条所述的行为实施导致考试或比赛被全部或部分取消的，处 7 年至 15 年徒刑和 700 000 第纳尔至 1 500 000 第纳尔罚金。

第 253a-9 条[3]

本章规定犯罪的未遂，处与对既遂罪所规定刑罚相同之刑罚。

第 253a-10 条[4]

在因为本章规定的犯罪被认定有罪时，还可对犯罪人处以禁止行使本法典第 9a-1 条所指的一项或多项权利。

第 253a-11 条[5]

在保留善意第三人权利的情况下，没收用于实施本章规定的犯罪的设备、程序、工具以及由此产生的资金，关闭用于实施犯罪的网站或电子账户或者禁止访问该网站，在所有者明知该犯罪情形下

---

[1]　被 2020 年 4 月 28 日第 20-06 号法律新增（第 25/2020 号政府公报第 11-12 页）。

[2]　被 2020 年 4 月 28 日第 20-06 号法律新增（第 25/2020 号政府公报第 10 页）。

[3]　被 2020 年 4 月 28 日第 20-06 号法律新增（第 25/2020 号政府公报第 10 页）。

[4]　被 2020 年 4 月 28 日第 20-06 号法律新增（第 25/2020 号政府公报第 10 页）。

[5]　被 2020 年 4 月 28 日第 20-06 号法律新增（第 25/2020 号政府公报第 10 页）。

关闭场所或营业地点。

第 253a-12 条〔1〕

对实施本章规定的犯罪的法人，根据本法典的规定处罚。

第 2 编　危害个人的重罪与轻罪

第 1 章　侵犯人身的重罪与轻罪

第 1 节　谋杀、其他死罪以及故意的暴力

第 1 目　谋杀、暗杀、杀害尊亲属、杀婴、毒杀和酷刑〔2〕

第 254 条

故意地实施杀人的，为杀人。

第 255 条

有预谋或者以伏击方式实施杀人的，为暗杀。

第 256 条

在行为之前形成侵犯特定个人或者甚至是被发现或遇到的人的计划的（即使该计划取决于某些情况或某些条件），是预谋。

第 257 条

意图杀死一个人或者对他实施暴力行为，在或短或长时间内在一个或多个地方等待一个人的，是伏击。

第 258 条

杀害尊亲属，是指杀害合法父母或者其他合法的尊亲属。

第 259 条

杀婴，是指谋杀或者暗杀新生儿。

---

〔1〕 被 2020 年 4 月 28 日第 20-06 号法律新增（第 25/2020 号政府公报第 10 页）。

〔2〕 第 3 卷第 2 编第 1 章第 1 节第 1 目的标题被 2004 年 11 月 10 日第 04-15 号法律修正（第 71/2004 号政府公报第 8 页）。

第 260 条

毒杀,是指通过能差不多迅速地导致死亡的物质的作用侵害人的生命,无论以何种方式使用或施用这些物质,也无论后果如何。

第 261 条

犯暗杀、杀害尊亲属或者毒杀罪的,处死刑。

暗杀或谋杀其刚出生的孩子的,对作为主要正犯或者共犯的母亲,处 10 年至 20 年徒刑。但此规定不适用于该母亲的共同正犯或共犯。

第 262 条

为实行其犯罪而使用酷刑或实施残忍行为的所有罪犯(不论其教派),以暗杀罪论处。

第 263 条

如果谋杀在另一重罪之前、之时或者之后发生的,处死刑。

如果谋杀的目的是准备、便利、实行某一轻罪或者帮助该轻罪的正犯或共犯逃跑或确保其不受处罚,对谋杀犯也可处死刑。

在任何其他情况下,对谋杀犯处无期徒刑。

在不影响善意第三人权利的情况下,对本目规定的任何情况,应当宣告没收用于实施犯罪的武器、物品和工具。

第 263a 条[1]

酷刑,是指对一个人故意地施加身体或精神上的剧烈疼痛或痛苦的无论动机的任何行为。

第 263b 条[2]

对某人实施、怂恿或者命令实施酷刑行为的,处 5 年至 10 年徒刑和 100 000 第纳尔至 500 000 第纳尔罚金。

如果酷刑在谋杀以外的其他重罪之前、之时或者之后发生的,

---

[1] 被 2004 年 11 月 10 日第 04-15 号法律新增(第 71 号政府公报第 8 页)。
[2] 被 2004 年 11 月 10 日第 04-15 号法律新增(第 71 号政府公报第 8 页)。

处 10 年至 20 年徒刑和 150 000 第纳尔至 800 000 第纳尔罚金。

第 263c 条[1]

公务员为获取情报、供词或出于任何其他动机，实施、怂恿或者命令实施酷刑行为的，处 10 年至 20 年徒刑和 150 000 第纳尔至 800 000 第纳尔罚金。

如果酷刑在谋杀以外的其他重罪之前、之时或者之后发生的，处无期徒刑。

公务员放任或者无视本法第 263a 条所指的行为的，处 5 年至 10 年徒刑和 100 000 第纳尔至 500 000 第纳尔罚金。

第 2 目　故意的暴力

第 264 条[2]

故意地伤害或殴打他人或者实施任何其他暴力或粗暴行为，并且此类暴行导致超过 15 日的疾病或者完全丧失工作能力的，处 1 年至 5 年监禁和 100 000 第纳尔至 500 000 第纳尔罚金。

对犯罪人还可处剥夺本法典第 14 条所指的权利 1 年至 5 年。

如果上述暴行导致肢体残缺、肢体失去功能、失明、失去一只眼睛或者其他永久性残疾的，处 5 年至 10 年徒刑。

如果在没有致死意图的情况下故意地实施殴打或者伤害，但仍然导致死亡的，处 10 年至 20 年徒刑。

第 265 条

在有预谋或者以伏击方式实施的情况下，如果导致死亡的，处无期徒刑；如果该暴行导致肢体残缺、截肢、肢体失去功能、失明、失去一只眼睛或者其他永久性残疾的，处 10 年至 20 年徒刑；在第 264 条第 1 款规定的情况下，处 5 年至 10 年徒刑。

---

〔1〕 被 2004 年 11 月 10 日第 04-15 号法律新增（第 71/2004 号政府公报第 9 页）。

〔2〕 第 1 款被 1975 年 6 月 17 日第 75-47 号法令修正（第 53/1975 号政府公报第 614 页）；被 1982 年 2 月 13 日第 82-04 号法律修正（第 07/1982 号政府公报第 209 页）；被 2006 年 12 月 20 日第 06-23 号法律修正（第 84/2006 号政府公报第 18 页）。

第 266 条[1]

没有导致超过 15 日的疾病或完全丧失个人工作能力的伤害、殴打或其他暴力或粗暴行为，如果是有预谋、通过伏击方式或者携带武器实施的，处 2 年至 10 年监禁和 200 000 第纳尔至 1 000 000 第纳尔罚金。

在保留善意第三人权利的情况下，可以命令没收已用于或可能用于实施犯罪的物品。

第 266a 条[2]

故意地伤害或者殴打配偶的，按下列规定处罚：

1. 如果伤害或殴打没有导致超过 15 日的疾病或完全丧失工作能力的，处 1 年至 3 年监禁。

2. 如果导致超过 15 日的完全丧失工作能力的，处 2 年至 5 年监禁。

3. 如果伤害或殴打导致肢体残缺、截肢、肢体失去功能、失明、失去一只眼睛或者其他永久性残疾的，处 10 年至 20 年徒刑。

4. 如果在没有致死意图的情况下故意地实施殴打或者伤害，但仍然导致死亡的，处无期徒刑。

无论行为人是否与受害人在同一住所居住，都可构成本罪。

如果暴力行为是由前配偶实施并且证明与此前的婚姻关系有关的，也成立该犯罪。

如果受害人怀孕、残疾或者犯罪是在未成年子女在场或受到武器威胁的情况下实施的，则犯罪人不能受益于减轻情节。

在上述第 1 款和第 2 款规定的情形下，被害人的宽恕导致刑事诉讼的终止。在第 3 款所指的情形下如果存在被害人的宽恕的，处

---

〔1〕 被 1975 年 6 月 17 日第 75-47 号法令修正（第 53/1975 号政府公报第 614 页）；被 1982 年 2 月 13 日第 82-04 号法律修正（第 07/1982 号政府公报第 209 页）；被 2006 年 12 月 20 日第 06-23 号法律修正（第 84/2006 号政府公报第 19 页）。

〔2〕 被 2015 年 12 月 30 日第 15-19 号法律修正（第 81/2015 号政府公报第 3 页）。

5年至10年徒刑。

第266a-1条[1]

对配偶实施任何形式的粗暴行为或者反复的口头或心理暴力，使被害人处于损害其尊严或身心完整的境地的，处1年至3年监禁。

家庭暴力的状态可以通过任何方式进行证明。

无论行为人是否与受害人在同一住所居住，都可构成本罪。

如果暴力行为是由前配偶实施并且证明与此前的婚姻关系有关的，也成立该犯罪。

如果受害人怀孕、残疾或者犯罪是在未成年子女在场或受到武器威胁的情况下实施的，则犯罪人不能受益于减轻情节。

被害人的宽恕导致刑事诉讼的终止。

第267条[2]

故意地伤害或殴打合法父母或者其他合法尊亲属的，按如下规定处罚：

1. 如果伤害或殴打未导致任何疾病或完全丧失从事第264条所述类型的工作能力的，处5年至10年监禁；

2. 如果完全丧失工作能力超过15日的，最高可处5年至10年监禁；

3. 如果伤害或殴打导致肢体残缺、截肢、肢体失去功能、失明、失去一只眼睛或者其他永久性残疾的，处10年至20年徒刑；

4. 如果在没有致死意图的情况下故意地实施殴打或者伤害，但仍然导致死亡的，处无期徒刑。

在有预谋或者以伏击方式实施的情况下，处罚为：

——在上述第1项规定的情况下，最高可处5年至10年监禁；

——如果伤害或殴打导致完全丧失工作能力超过15日的，处

---

[1] 被2015年12月30日第15-19号法律修正（第81/2015号政府公报第3页）。

[2] 被1975年6月17日第75-47号法令修正（第53/1975号政府公报第614页）。

10年至20年徒刑；

——在本条第1款第3项规定情况下，处无期徒刑。

第268条

如果在斗殴、叛乱、煽动性集会期间，在第264条第4款规定的条件下实施了导致死亡的暴力行为，参与该斗殴、叛乱、煽动性集会的人没有被作为该暴力行为的正犯而被处以更重的刑罚的，处1年至5年监禁。

如果参与该斗殴、叛乱、煽动性集会的人在该斗殴、叛乱、煽动性集会期间受到殴打或者伤害，没有被作为该暴力行为的正犯而被处以更重的刑罚的，处3个月至2年监禁。

斗殴、叛乱、煽动集会的领导人、正犯、教唆人、煽动人，视同其亲自实施了上述暴力予以处罚。

第269条〔1〕

故意伤害或殴打未满16周岁的未成年人，或者故意剥夺其食物或照料以致危及其健康，或者故意对其实施任何其他形式的暴力或不包括轻度暴力在内的粗暴行为的，处1年至5年监禁和500第纳尔至5000第纳尔罚金。

第270条〔2〕

如果前条所指的殴打、伤害、暴力、粗暴行为、剥夺导致疾病、动弹不得或者完全丧失工作能力超过15日，或者是有预谋或以伏击方式实施的，处3年至10年监禁和500第纳尔至6000第纳尔罚金。

对犯罪人还可处禁止行使本法典第14条所指的权利和禁止居留1年至5年。

第271条

如果第269条所指的殴打、伤害、暴力、粗暴行为、剥夺导致

---

〔1〕 被1975年6月17日第75-47号法令修正（第53/1975号政府公报第614页）。

〔2〕 被1975年6月17日第75-47号法令修正（第53/1975号政府公报第614页）。

肢体残缺、截肢、肢体失去功能、失明、失去一只眼睛或者其他永久性残疾的，处 10 年至 20 年徒刑。

如果在没有致死意图的情况下导致死亡的，最高可处 10 年至 20 年徒刑。

如果在没有致死意图的情况下因为惯常实施的影响导致死亡的，处无期徒刑。

如果意图导致死亡而实施殴打、伤害、暴力、粗暴行为、剥夺的，对行为人以暗杀或者暗杀未遂论处。

第 272 条

如果犯罪人是合法父母、其他合法尊亲属或者对该儿童具有权力或进行监护的任何其他人，按下列规定处罚：

1. 在第 269 条规定的情况下，处第 270 条规定的刑罚；
2. 在第 270 条规定的情况下，处 5 年至 10 年徒刑；
3. 在第 271 条第 1 款和第 2 款规定的情况下，处无期徒刑；
4. 在第 271 条第 3 款和第 4 款规定的情况下，处死刑。

第 273 条

明知地帮助他人准备自杀或为其自杀提供便利，或者在明知很可能被使用的情况下提供用于自杀的武器、毒药或工具，如果该自杀被实施的，处 1 年至 5 年监禁。

第 274 条

犯阉割罪的，处无期徒刑。

如果导致死亡的，处死刑。

第 275 条[1]

在没有致死意图的情况下明知地以任何方式向他人施用有害健康的物质，导致疾病或者丧失个人工作能力的，处 2 年至 3 年监禁和 500 第纳尔至 2000 第纳尔罚金。

---

〔1〕 第 2 款被 1975 年 6 月 17 日第 75-47 号法令修正（第 53/1975 号政府公报第 614 页）。

如果导致超过 15 日的疾病或丧失工作能力的，处 2 年至 5 年监禁。

对犯罪人还可处禁止行使第 14 条所指的一项或多项权利和禁止居留 1 年至 5 年。

如果所施用的物质导致无法治愈的疾病、器官功能丧失或者永久性残疾的，处 5 年至 10 年徒刑。

如果在没有致死意图的情况下导致死亡的，处 10 年至 20 年徒刑。

第 276 条

如果前条规定的轻罪或重罪是由被害人的尊亲属、卑亲属、配偶、继承人或者对其具有权力或者进行监护的人实施的，按下列规定处罚：

1. 在第 275 条第 1 款规定的情况下，处 2 年至 5 年监禁；
2. 在第 275 条第 2 款规定的情况下，处 5 年至 10 年徒刑；
3. 在第 275 条第 4 款规定的情况下，处 10 年至 20 年徒刑；
4. 在第 275 条第 5 款规定的情况下，处无期徒刑。

第 276a 条[1]

第 60a 条的规定适用于本节第 261 条至第 263a-2 条、第 265 条、第 266 条、第 267 条、第 271 条、第 272 条、第 274 条、第 275 条第 4 款、第 5 款和第 276 条第 2 款、第 3 款、第 4 款规定的犯罪。

第 3 目　可免除或者减轻的重罪与轻罪

第 277 条

如果杀人、伤害和殴打是由殴打或危害人身的严重暴力所惹起的，可以免除或者减轻。

第 278 条

如果杀人、伤害和殴打是在白天击退对有人居住的房屋、公寓

---

〔1〕 被 2006 年 12 月 20 日第 06-23 号法律新增（第 84/2006 号政府公报第 19 页）。

或其附属建筑物的围栏、墙壁、入口的攀爬或破坏时实施的,可以免除或者减轻。

如果是在夜间实施的,适用第40条第1项的规定。

第 279 条

如果杀人、伤害和殴打是由配偶一方抓住通奸行为中的另一方及其共犯时对他们实施的,可以免除或者减轻。

第 280 条

如果阉割罪是由以暴力方式实施的猥亵行为即刻惹起的,可以免除或者减轻。

第 281 条[1]

如果伤害和殴打是针对在对已满16周岁的未成年人的猥亵行为(以暴力或者非暴力方式)中被抓住的成年人实施的,可以免除或者减轻。

第 282 条

杀尊亲属,不可免除或者减轻。

第 283 条

如果免除或者减轻事由被证实的,刑罚做以下减轻:
1. 如果是可判处死刑或无期徒刑的重罪,处1年至5年监禁;
2. 如果是任何其他重罪,处6个月至2年监禁;
3. 如果是轻罪,处1个月至3个月监禁。

在本条第1款第1项和第2项规定的情况下,对罪犯还可处禁止居留5年至10年。

---

〔1〕 被1975年6月17日第75-47号法令修正(第53/1975号政府公报第615页)。

第 2 节 胁 迫

第 284 条[1]

以匿名或签名的文字、图像、符号或标志，威胁实施可判处死刑或无期徒刑的暗杀、监禁或任何其他针对人身的侵害，如果发出威胁伴随命令将一笔款项存到指定地点或者满足任何其他条件的，处 2 年至 10 年监禁和 500 第纳尔至 5000 第纳尔罚金。

对犯罪人还可处禁止行使第 14 条所指的一项或多项权利和禁止居留 1 年至 5 年。

第 285 条

如果威胁没有伴随任何命令或者条件的，处 1 年至 3 年监禁和 500 第纳尔至 2500 第纳尔罚金。

对犯罪人还可处禁止居留 1 年至 5 年。

第 286 条

如果以命令发出的威胁是口头的，处 6 个月至 2 年监禁和 500 第纳尔至 1500 第纳尔罚金。

对犯罪人还可处禁止居留 1 年至 5 年。

第 287 条[2]

通过第 284 条至第 286 条规定的任何手段，威胁实施第 284 条未规定的粗暴行为或暴力，如果发出威胁伴随命令或条件的，处 1 年至 3 年监禁和 500 第纳尔至 1000 第纳尔罚金。

---

[1] 第 1 款被 1975 年 6 月 17 日第 75-47 号法令修正（第 53/1975 号政府公报第 615 页）。

[2] 被 1982 年 2 月 13 日第 82-04 号法律修正（第 07/1982 号政府公报第 210 页）。

第3节　非故意杀人、伤害和使他人的生命或身体完整性遭受危险[1]

第288条

因为笨拙失误、轻率不慎、缺乏注意、怠慢疏忽或未遵守条例，非故意地实施杀人或者非故意地导致死亡的，处6个月至3年监禁和1000第纳尔至20 000第纳尔罚金。

第289条

因为缺乏机敏或者预防措施，导致完全丧失工作能力超过3个月的殴打、伤害或者疾病的，处2个月至2年监禁，并处或者单处500第纳尔至15 000第纳尔罚金。

第290条

如果犯罪人在醉态下实施行为，试图通过逃逸、改变现场状况或者任何其他方式逃避其可能招致的刑事或民事责任的，第288条和第289条规定的刑罚加重1倍。

第290a条[2]

故意和明显地违反法律或条例规定的谨慎或安全义务，直接将他人的生命或身体完整性置于危险之中的，处6个月至2年监禁和60 000第纳尔至200 000第纳尔罚金。

如果上述行为实施于医疗卫生封控、自然、生物或技术灾难或者任何其他灾难期间的，处3年至5年监禁和30 000第纳尔至500 000第纳尔罚金。

法人实施本条规定的犯罪的，根据本法典的规定处罚。

---

〔1〕 被2020年4月28日第20-06号法律修正（第25/2020号政府公报第10页）。

〔2〕 被2020年4月28日第20-06号法律修正（第25/2020号政府公报第10页）。

第4节　侵犯个人自由、住宅的不可侵犯性和绑架[1]

第291条[2]

在没有法定权力机关的命令和非法律允许或命令扣押个人的情况下，绑架、逮捕、拘留或非法拘禁任何人的，处10年至20年徒刑。

提供场所以关押或者拘禁该人的，处以相同的刑罚。

如果关押或者拘禁超过1个月的，处无期徒刑。

第292条

如果逮捕或绑架是穿着规定的制服、标识或者第246条所指的看起来与之相像的服装实施，或者利用假名或公共当局的虚假命令实施的，处无期徒刑。

如果逮捕或绑架是使用机动交通工具实施，或者被害人受到死亡威胁的，处以相同的刑罚。

第293条[3]

如果被绑架、逮捕、拘留或者非法拘禁的人遭受身体酷刑的，处无期徒刑。

第293a条[4]

以暴力、威胁或者欺诈方法绑架或者企图绑架他人的，处10年至20年徒刑和1 000 000第纳尔至2 000 000第纳尔罚金。

如果被绑架人遭受了酷刑或性暴力，或者绑架是为了支付赎金或执行某一条件或指令的，处无期徒刑。

如果被绑架人死亡的，处以本法典第263条第1款规定的刑罚。

---

〔1〕被1975年6月17日第75-47号法令修正（第53/1975号政府公报第615页）。

〔2〕被2014年2月4日第14-01号法律修正（第07/2014号政府公报第5页）。

〔3〕被2006年12月20日第06-23号法律修正（第84/2006号政府公报第19页）。

〔4〕被1975年6月17日第75-47号法令新增（第53/1975号政府公报第615页）；被2006年12月20日第06-23号法律修正（第84/2006号政府公报第19页）；被2014年2月4日第14-01号法律修正（第07/2014号政府公报第5页）。

根据下文第294条的规定，犯罪人不能受益于本法典规定的减轻情节。

第293a–1条[1]

以暴力、威胁、欺诈或者任何其他方法绑架或者企图绑架未满18周岁的未成年人的，处无期徒刑。

如果被绑架人遭受了酷刑或性暴力，或者绑架是为了支付赎金，或者被害人死亡的，处以本法典第263条第1款规定的刑罚。

根据下文第294条的规定，犯罪人不能受益于本法典规定的减轻情节。

第294条[2]

犯罪人自发地终止拘留、拘禁或者绑架的，受益于本法典第52条所指的可减轻事由。

如果自绑架、逮捕、拘留或拘禁之日起10日内停止关押或绑架，并且尚未启动追诉的，在第293条规定的情况下，处2年至5年监禁；在第291条和第292条规定的情况下，处6个月至2年监禁。

如果自绑架、逮捕、拘留或拘禁之日起已满10日或者在追诉已经启动后停止关押或绑架的，在第293条规定的情况下，处5年至10年徒刑；在其他情况下，处2年至5年监禁。

在第293a条第1款规定的情况下，处5年至10年徒刑；在同条第2款和第3款规定的情况下，处10年至20年徒刑。

第295条[3]

以突袭或欺诈的手段进入或者闯入公民的住宅的，处1年至5年监禁和1000第纳尔至10 000第纳尔罚金。

---

[1] 被2014年2月4日第14-01号法律新增（第07/2014号政府公报第5页）。

[2] 被1975年6月17日第75-47号法令修正（第53/1975号政府公报第615页）。

[3] 被1982年2月13日第82-04号法律修正（第07/1982号政府公报第210页）。

如果犯罪是以威胁或暴力方式实施的,处 5 年至 10 年监禁和 5000 第纳尔至 20 000 第纳尔罚金。

第 295a 条〔1〕

第 60a 条的规定适用于本节第 291 条、第 292 条、第 293 条和第 293a 条规定的犯罪。

第 295a-1 条〔2〕

有歧视和仇恨的言论的,处 6 个月至 3 年监禁和 60 000 第纳尔至 300 000 第纳尔罚金。

除非构成处罚更重的犯罪,公开地煽动实施本条所指的罪行或组织、美化、开展出于此目的的宣传活动的,处 1 年至 3 年监禁和 100 000 第纳尔至 300 000 第纳尔罚金。

第 295a-2 条〔3〕

法人实施上述第 295a-1 条规定罪行的,处以刑法规定之刑罚。

第 295a-3 条〔4〕

本法典第 295a-1 和第 295a-2 条的规定,不适用于基于以下原因的区分:

1)基于健康状况的区分,包括旨在预防和应对死亡风险、影响个人身体完整性的风险、丧失工作能力或残疾风险的活动;

2)基于健康和/或残疾状况的区分,包括在劳动立法框架内或者在公共职务法规框架内基于医学上确认的无能力而拒绝雇用时;

3)基于性别的区分,如果根据现行立法,在招聘中属于一种

---

〔1〕 被 2006 年 12 月 20 日第 06-23 号法律新增(第 84/2006 号政府公报第 19 页)。

〔2〕 被 2014 年 2 月 4 日第 14-01 号法律新增(第 07/2014 号政府公报第 5 页);被 2020 年 4 月 28 日第 20-05 号法律修正(第 25/2020 号政府公报第 4 页)。

〔3〕 被 2014 年 2 月 4 日第 14-01 号法律新增(第 07/2014 号政府公报第 6 页);被 2020 年 4 月 28 日第 20-05 号法律修正(第 25/2020 号政府公报第 4 页)。

〔4〕 被 2014 年 2 月 4 日第 14-01 号法律新增(第 07/2014 号政府公报第 6 页);被 2020 年 4 月 28 日第 20-05 号法律修正(第 25/2020 号政府公报第 4 页)。

或另一种性别是从事受雇或专业活动的基本条件时；

4）基于国籍的区分，当根据现行立法，国籍构成招聘条件时。

第5节　侵犯人的名誉、尊严、隐私和泄露秘密[1]

第 296 条

指控或者归咎某一事实，损害该事实所归属的个人或团体的荣誉或尊重的，构成诽谤。

直接公布或者复制该指控或归责，即使以存疑的形式作出或者针对未明确指名的人员或者团体，但可通过被指控者的讲话的措辞、哭泣、威胁、文字或印刷品、标语牌或海报对其进行识别的，应当予以处罚。

第 297 条

不包含任何事实归咎的冒犯性表达、蔑视的或者谩骂的用语，构成侮辱。

第 298 条[2]

对个人实施诽谤的，处 2 个月至 6 个月监禁，并处或者单处 25 000第纳尔至 50 000 第纳尔罚金。

被害人的宽恕导致刑事诉讼的终止。

出于煽动公民或居民之间的仇恨的目的，对属于某个族裔或哲学团体或特定宗教的一人或者多人实施诽谤的，处 1 个月至 1 年监禁，并处或者单处 10 000 第纳尔至 100 000 第纳尔罚金。

第 298a 条[3]

对属于某个族裔或哲学团体或特定宗教的一人或者多人实施侮辱的，处 5 日至 6 个月监禁，并处或者单处 5000 第纳尔至 50 000 第

---

〔1〕 第5节的标题被 2006 年 12 月 20 日第 06-23 号法律修正（第 84/2006 号政府公报第 19 页）。

〔2〕 2001 年 6 月 26 日第 01-09 号法律修正（第 34/2001 号政府公报第 15 页）；被 2006 年 12 月 20 日第 06-23 号法律修正（第 84/2006 号政府公报第 19 页）。

〔3〕 被 1982 年 2 月 13 日第 82-04 号法律新增（第 07/1982 号政府公报第 217 页）；被 2001 年 6 月 26 日第 01-09 号法律修正（第 34/2001 号政府公报第 15 页）。

纳尔罚金。

第 299 条[1]

对一人或者多人实施侮辱的,处 1 个月至 3 个月监禁和 10 000 第纳尔至 25 000 第纳尔罚金。

被害人的宽恕导致刑事诉讼的终止。

第 300 条

针对一人或多人,以任何方式向司法官员、行政或司法警察、有权予以答复或移交主管部门的有权机关甚至被告发人的上级或者雇主,告发诽谤性事实的,处 6 个月至 5 年监禁和 500 第纳尔至 15 000 第纳尔罚金;法院还可以命令将其决定的全部或摘要刊登在一家或者多家报纸上,费用由被定罪人承担。

如果告发的事实可能受到刑事或纪律制裁的,可以在作出宣告无罪释放判决之后、在命令或决定不起诉之后或在有能力对其采取后续行动的法官、公务员、上级机关或雇主将告发归档之后,根据本条对诬告提起追诉。

如果有关被告发事实的诉讼未判决的,则根据本条受理的法院必须中止诉讼。

第 301 条[2]

医生、外科医生、药剂师、助产士或者由于身份或职业或永久或临时职务而获得委托给其的秘密的任何其他人,在非法律强制或授权他们告发的情况下,泄露这些秘密的,处 1 个月至 6 个月监禁和 500 第纳尔至 5000 第纳尔罚金。

但是,未被要求告发其履行职责期间获知的堕胎的上述人员如果告发的,不受前款规定的处罚;因堕胎案件被传唤到法院的,他

---

[1] 被 1982 年 2 月 13 日第 82-04 号法律修正(第 07/1982 号政府公报第 210 页);被 2001 年 6 月 26 日第 01-09 号法律修正(第 34/2001 号政府公报第 15 页);被 2006 年 12 月 20 日第 06-23 号法律修正(第 84/2006 号政府公报第 19 页)。

[2] 被 1982 年 2 月 13 日第 82-04 号法律修正(第 07/1982 号政府公报第 210 页)。

们被免除职业保密义务，必须提供证词。

第 302 条

以任何身份在公司工作的人，在未经授权的情况下向外国人或者居住在外国的阿尔及利亚人泄露或者试图泄露其工作所在公司的秘密的，处 2 年至 5 年监禁和 500 第纳尔至 10 000 第纳尔罚金。

如果这些秘密被泄露给居住在阿尔及利亚的阿尔及利亚人的，处 3 个月至 2 年监禁和 500 第纳尔至 1500 第纳尔罚金。

如果它们是国有作战武器和弹药工厂的秘密的，应当处以前两款规定的最高刑。

在所有情形下，对犯罪人还可处禁止行使本法典第 14 条所指的一项或多项权利 1 年至 5 年。

第 303 条〔1〕

在第 137 条规定的情形以外恶意地拆开或者隐匿寄给第三人的书信或通信的，处 1 个月至 1 年监禁，并处或者单处 25 000 第纳尔至 100 000 第纳尔罚金。

第 303a 条〔2〕

利用任何工具以下列方式故意侵犯他人私生活的隐私的，处 6 个月至 3 年监禁和 50 000 第纳尔至 300 000 第纳尔罚金：

1. 未经授权或未经其作者同意，截听、记录或者传输通信、以私人或机密身份说出的话语；

2. 未经授权或本人同意，拍摄、录制或传播在私人场所的个人的形象。

本条规定犯罪的未遂，处与对既遂罪所规定刑罚相同之刑罚。

被害人的宽恕导致刑事诉讼的终止。

---

〔1〕 被 2006 年 12 月 20 日第 06-23 号法律修正（第 84/2006 号政府公报第 19 页）。

〔2〕 被 2006 年 12 月 20 日第 06-23 号法律新增（第 84/2006 号政府公报第 19 页）。

第 303a-1 条〔1〕

对通过本法第 303a 条规定的行为所获得的任何录音录像、图像或文书，予以保存、携带、让公众或第三人知悉或者以任何方式进行使用的，处以前条规定的刑罚。

如果前款规定的犯罪是通过新闻媒体实施的，适用确定责任人的有关法律的特别规定。

本条规定犯罪的未遂，处与对既遂罪所规定刑罚相同之刑罚。

被害人的宽恕导致刑事诉讼的终止。

第 303a-2 条〔2〕

在对第 303a 条和第 303a-1 条所指的犯罪定罪的情况下，法院可以命令剥夺不超过 5 年的本法典第 9a-1 条所指的一项或多项权利；还可以根据本法第 18 条规定的方法命令公布该有罪判决。

用于实施犯罪的物品，应予宣告没收。

第 303a-3 条〔3〕

根据第 51a 条规定的条件，宣告法人对本章第 3 节、第 4 节和第 5 节规定的犯罪承担刑事责任。

根据第 18a 条规定的方式对法人处罚金，并在适用的情况下处以第 18a-2 条规定的刑罚。

对法人还可处第 18a 条规定的一种或者多种附加刑。

---

〔1〕 被 2006 年 12 月 20 日第 06-23 号法律新增（第 84/2006 号政府公报第 19 页）。

〔2〕 被 2006 年 12 月 20 日第 06-23 号法律新增（第 84/2006 号政府公报第 20 页）。

〔3〕 被 2006 年 12 月 20 日第 06-23 号法律新增（第 84/2006 号政府公报第 20 页）。

第 5a 节　贩运人口[1]

第 303a-4 条

出于剥削目的，通过威胁使用或使用武力或其他形式的强制，或者通过绑架、欺诈、欺骗、滥用权力或利用易受伤害境况，或者通过提供或接受支付报酬或利益以获得对另一人具有权力的某人的同意，招募、运输、转移、窝藏或者接收一人或者数人的，视为贩运人口。剥削包括利用他人卖淫进行剥削或任何其他形式的性剥削、对他人进行乞讨剥削、强迫劳动或服务、奴隶制或类似奴隶制的做法、奴役或切除器官。

贩运人口的，处 3 年至 10 年监禁和 300 000 第纳尔至 1 000 000 第纳尔罚金。

如果贩运针对明显的或者行为人明知的因为年龄、疾病、身体或精神上的无能力所致的易受伤害状态的人实施的，处 5 年至 15 年监禁和 500 000 第纳尔至 1 500 000 第纳尔罚金。

第 303a-5 条

贩运人口的实施，至少具有下列情形之一的，处 10 年至 20 年徒刑和 1 000 000 第纳尔至 2 000 000 第纳尔罚金：

——犯罪人是被害人的配偶、尊亲属、卑亲属或者其监护人，或者对受害人具有权力，或者他是以其职务为犯罪实施提供便利的公务员的；

——犯罪人不止一人的；

——犯罪时携带武器或威胁使用武器的；

——犯罪是由有组织犯罪集团实施或者具有跨国性质的。

第 303a-6 条

因为本节处罚的某一行为被认定有罪的人，不能受益于本法第 53 条规定的减轻情节。

---

[1] 第 5a 节被 2009 年 2 月 25 日第 09-01 号法律新增（第 15/2009 号政府公报第 4 页）。

第 303a-7 条

对犯有本节规定的罪行的自然人，处本法第 9 条规定的一项或多项附加刑。

第 303a-8 条

对被认定构成本节规定的犯罪的外国人，管辖法院应当宣告永久或者最多不超过 10 年的禁止进入领域。

第 303a-9 条

在贩运人口罪开始实行或者实施未遂之前报告行政或司法当局的，免除刑罚。

如果在犯罪既遂或实施未遂之后、诉讼程序开始之前自首，或者在诉讼程序开始后自首使得能够逮捕同一犯罪的正犯或共犯的，刑罚减轻 1/2。

第 303a-10 条

知悉贩运人口犯罪实施的人（即使受到职业保密义务的约束）不立即报告主管当局的，处 1 年至 5 年监禁和 100 000 第纳尔至 500 000 第纳尔罚金。

除了对不满 13 周岁的未成年人实施的犯罪外，前款规定不适用于犯罪人的父母、四等以内的旁系血亲和姻亲。

第 303a-11 条

根据本法典第 51a 条规定的条件，宣告法人对本节规定的犯罪承担刑事责任。

对该法人处本法典第 18a 条规定的刑罚。

第 303a-12 条

如果犯罪人使用本法第 303a-4 条第 1 款规定的手段之一的，被害人的同意无效。

第 303a-13 条

本节规定犯罪的未遂，处与对既遂罪所规定刑罚相同之刑罚。

第303a-14条

在因为本节规定的犯罪认定有罪时,在不影响善意第三人权利的情况下,法院应当宣告没收用于实施这些犯罪的工具以及非法获得的财产。

第303a-15条

第60a条关于安全期的规定适用于本节规定的犯罪。

第5a-1节 贩运器官[1]

第303a-16条

作为经济利益或任何其他任何形式的利益的回报,获取某人的器官的,处3年至10年监禁和30 000第纳尔至1 000 000第纳尔罚金。

中间人鼓励或促成获取从某人身上摘除的器官的,处以相同的刑罚。

第303a-17条

在没有根据现行立法规定的条件获得同意的情况下,从活人身上摘取器官的,处5年至10年监禁和500 000第纳尔至1 000 000第纳尔罚金。

违反法律从死者身上摘取器官的,处以相同的刑罚。

第303a-18条

作为支付一笔款项或者提供任何种类的其他利益的交换,从人体摘取组织、细胞样本或者收集制品的,处1年至5年监禁和100 000第纳尔至500 000第纳尔罚金。

中间人鼓励或促成获取从某人身上摘除的组织、细胞或者制品的,处以相同的刑罚。

第303a-19条

在没有表达其现行立法规定的同意的情况下,从活人身上摘取

---

[1] 第5a-1节被2009年2月25日第09-01号法律新增(第15/2009号政府公报第5页)。

组织、细胞或者收集制品的,处 1 年至 5 年监禁和 100 000 第纳尔至 500 000 第纳尔罚金。

违反现行的立法的规定从死者身上摘取组织、细胞或者收集制品的,处以相同的刑罚。

第 303a-20 条

如果第 303a-18 条和第 303a-19 条规定的犯罪的实施,至少具有下列情形之一的,处 3 年至 10 年监禁和 500 000 第纳尔至 1 500 000 第纳尔罚金:

——受害者是未成年人或者有精神障碍的人的;

——犯罪人的职业或职务为犯罪的实施提供便利的;

——犯罪人不止一人的;

——犯罪时携带武器或威胁使用武器的;

——犯罪是由有组织犯罪集团实施或者具有跨国性质的。

如果第 303a-16 条和第 303a-17 条规定的犯罪的实施,至少具有本条第 1 款规定的情形之一的,处 10 年至 20 年徒刑和 100 000 第纳尔至 2 000 000 第纳尔罚金。

第 303a-21 条

因为本节处罚的某一行为被认定有罪的人,不能受益于本法第 53 条规定的减轻情节。

第 303a-22 条

对犯有本节规定的罪行的自然人,处本法第 9 条规定的一项或多项附加刑。

第 303a-23 条

对被认定构成本节规定的犯罪的外国人,管辖法院应当宣告永久或者最多不超过 10 年的禁止进入领域。

第 303a-24 条

在贩运器官罪开始实行或者实施未遂之前报告行政或司法当局的,免除刑罚。

如果在犯罪既遂或实施未遂之后、诉讼程序开始之前自首,或者在诉讼程序开始后自首使得能够逮捕同一犯罪的正犯或共犯的，刑罚减轻 1/2。

第 303a-25 条

知悉贩运器官犯罪实施的人（即使受到职业保密义务的约束）不立即报告主管当局的，处 1 年至 5 年监禁和 100 000 第纳尔至 500 000 第纳尔罚金。

除了对不满 13 周岁的未成年人实施的犯罪外，前款规定不适用于犯罪人的父母、四等以内的旁系血亲和姻亲。

第 303a-26 条

根据本法典第 51a 条规定的条件，宣告法人对本节规定的犯罪承担刑事责任。

对该法人处本法典第 18a 条规定的刑罚。

第 303a-27 条

本节规定犯罪的未遂，处与对既遂罪所规定刑罚相同之刑罚。

第 303a-28 条

在因为本节规定的犯罪认定有罪时，在不影响善意第三人权利的情况下，法院应当宣告没收用于实施这些犯罪的工具以及非法获得的财产。

第 303a-29 条

第 60a 条关于关押期的规定适用于本节规定的犯罪。

第 5a-2 节　偷运移民[1]

第 303a-30 条

组织一人或多人非法出境，以直接或间接获得经济利益或者任何其他利益的，视为偷运移民。

偷运移民的，处 3 年至 5 年监禁和 300 000 第纳尔至 500 000 第

---

[1] 第 5a-2 节被 2009 年 2 月 25 日第 09-01 号法律新增（第 15/2009 号政府公报第 6 页）。

纳尔罚金。

第303a-31条

实施上述第303a-30条规定的偷运移民，至少具有下列情形之一的，处5年至10年监禁和500 000第纳尔至1 000 000第纳尔罚金：

——移民中有未成年人的；

——移民的生命或安全遭受或可能遭受威胁的；

——移民受到不人道或有辱人格的对待的。

第303a-32条

实施偷运移民，具有下列情形之一的，处10年至20年监禁和1 000 000第纳尔至2 000 000第纳尔罚金：

——犯罪人的职务为犯罪的实施提供便利的；

——犯罪人不止一人的；

——犯罪时携带武器或威胁使用武器的；

——犯罪是由有组织犯罪集团实施的。

第303a-33条

对犯有本节规定的罪行的自然人，处本法第9条规定的一项或多项附加刑。

第303a-34条

因为本节处罚的某一行为被认定有罪的人，不能受益于本法第53条规定的减轻情节。

第303a-35条

对被认定构成本节规定的犯罪的外国人，管辖法院应当宣告永久或者最多不超过10年的禁止进入领域。

第303a-36条

在偷运移民罪开始实行或者实施未遂之前报告行政或司法当局的，免除刑罚。

如果在犯罪既遂或实施未遂之后、诉讼程序开始之前自首，或者在诉讼程序开始后自首使得能够逮捕同一犯罪的正犯或共犯的，刑罚减轻 1/2。

第 303a-37 条

知悉偷运移民犯罪的实施的人（即使受到职业保密义务的约束）不立即报告主管当局的，处 1 年至 5 年监禁和 100 000 第纳尔至 500 000 第纳尔罚金。

除了对不满 13 周岁的未成年人实施的犯罪外，前款规定不适用于犯罪人的父母、四等以内的旁系血亲和姻亲。

第 303a-38 条

根据本法典第 51a 条规定的条件，宣告法人对本节规定的犯罪承担刑事责任。

对该法人处本法典第 18a 条规定的刑罚。

第 303a-39 条

本节所指犯罪的未遂，处与对既遂罪所规定刑罚相同之刑罚。

第 303a-40 条

在因为本节规定的犯罪认定有罪时，在不影响善意第三人权利的情况下，法院应当宣告没收用于实施这些犯罪的工具以及非法获得的财产。

第 303a-41 条

第 60a 条关于关押期的规定适用于本节规定的犯罪。

第 2 章 妨害家庭和风化的重罪与轻罪

第 1 节 堕 胎

第 304 条

通过食物、饮料、药物、诡计、暴力或任何其他方式，促成或者试图促成怀孕或推测怀孕的妇女堕胎的（无论她是否同意），处 1 年至 5 年监禁和 500 第纳尔至 10 000 第纳尔罚金。

如果导致死亡的，处 10 年至 20 年徒刑。

在所有的情形下，对犯罪人还可处禁止居留。

第 305 条

如果认定犯罪人惯常地实施第 304 条所指的行为的，则在第 1 款规定的情况下，监禁刑加重 1 倍；有期徒刑，加重到其期间的上限。

第 306 条

医生、助产士、牙医、药剂师、医学或牙科学生、药学学生或雇员、草药医生、绷带医生、手术器械经销商、男护士、女护士、男按摩师、女按摩师指示、帮助或实施促成堕胎的方法的，视具体情况处以第 304 条和第 305 条规定的刑罚。

对犯罪人可宣布禁止从事第 16a 条规定的职业，此外还可以禁止居留。

第 307 条〔1〕

违反根据第 306 条最后一款宣布的从事其职业的禁止的，处 6 个月至 2 年监禁和 1000 第纳尔至 10 000 第纳尔罚金。

对犯罪人还可以禁止居留。

第 308 条

如果堕胎构成拯救处于危险中的母亲的生命的必要措施，并且医生或外科医生在向行政当局提出建议后公开实施的，不处罚。

第 309 条

妇女故意地堕胎、试图堕胎或者同意使用为此目的所指示或施用的方法的，处 6 个月至 2 年监禁和 250 第纳尔至 1000 第纳尔罚金。

第 310 条〔2〕

以下列方式煽动堕胎（即使煽动没有产生效果）的，处 2 个月至 3 年监禁，并处或者单处 500 第纳尔至 10 000 第纳尔罚金：

---

〔1〕 被 1982 年 2 月 13 日第 82-04 号法律修正（第 07/1982 号政府公报第 210 页）。

〔2〕 被 1982 年 2 月 13 日第 82-04 号法律修正（第 07/1982 号政府公报第 210 页）。

——在公共场所或公共集会上发表演讲的；

——将任何书籍、作品、印刷品、广告、告示、绘画、图片和标志予以出售、待售、提供（甚至是非公开的方式），或展览、张贴于公共场所，或送货上门、以包装好或密封或未密封信封方式交付给邮局或任何发行或运输机构的；

——宣传医疗诊所或者所谓的医疗机构的。

第 311 条

因为本节规定的任何一项犯罪所做出的有罪判决，都意味着禁止以任何身份在诊所、产院和以收费或免费方式惯常地接收任何数量的处于实际、表象或推测怀孕状态的妇女的任何公共或私人机构中从事职业。

因为相同犯罪的未遂或共谋所做出的有罪判决，适用相同的禁止。

第 312 条

在因为根据阿尔及利亚法律构成本节规定的某一犯罪的行为已被外国法院宣告有罪并且发生既判力的情况下，被定罪人住所地法院可以基于检察官的请求正式地传唤有关当事方在法庭上宣布有理由适用第 311 条规定的禁止。

第 313 条

违反在第 311 条和第 312 条的适用中所宣告的禁止的，处 6 个月至 2 年监禁，并处或者单处 500 第纳尔至 5000 第纳尔罚金。

第 2 节 遗弃儿童和无行为能力人、使他们面临危险和买卖儿童[1]

第 314 条

将儿童或者由于身体或精神状态而无法保护自己的无行为能力的人暴露或导致其暴露、遗弃或导致其遗弃于偏僻的地方的，处 1

---

[1] 第 2 节的标题被 2014 年 2 月 4 日第 14-01 号法律修正（第 07/2014 号政府公报第 6 页）。

年至 3 年监禁。

如果暴露或者遗弃导致超过 20 日的疾病或者完全丧失工作能力的，处 2 年至 5 年监禁。

如果导致该儿童或无行为能力的人肢体残缺、伤残或者永久残疾的，处 5 年至 10 年徒刑。

如果暴露或者遗弃导致死亡的，处 10 年至 20 年徒刑。

第 315 条

如果犯罪人是尊亲属或者对该儿童或无行为能力人具有权力或进行监护的任何其他人，按下列规定处罚：

——在第 314 条第 1 款规定的情况下，处 2 年至 5 年监禁；

——在该条第 2 款规定的情况下，处 5 年至 10 年徒刑；

——在该条第 3 款规定的情况下，处 10 年至 20 年徒刑；

——在该条第 4 款规定的情况下，处无期徒刑。

第 316 条

将儿童或者由于身体或精神状态而无法保护自己的无行为能力的人暴露或导致其暴露、遗弃或导致其遗弃于非偏僻场所的，处 3 个月至 1 年监禁。

如果暴露或者遗弃导致超过 20 日的疾病或者完全丧失工作能力的，处 6 个月至 2 年监禁。

如果导致该儿童或无行为能力的人肢体残缺、伤残或者永久残疾的，处 2 年至 5 年监禁。

如果导致死亡的，处 5 年至 10 年徒刑。

第 317 条

如果犯罪人是尊亲属或者对该儿童或无行为能力人具有权力或进行监护的任何其他人，按下列规定处罚：

——在第 316 条第 1 款规定的情况下，处 6 个月年至 2 年监禁；

——在该条第 2 款规定的情况下，处 2 年至 5 年监禁；

——在该条第 3 款规定的情况下，处 5 年至 10 年徒刑；

——在该条第 4 款规定的情况下，处 10 年至 20 年徒刑。

第 318 条

如果死亡是故意导致的，按照第 261 条至第 263 条规定的具体情况，对犯罪人进行处罚。

第 319 条

在根据第 314 条至第 317 条仅被判处轻罪刑的情况下，对犯罪人还可处本法典禁止行使第 14 条所指的一项或多项权利和禁止居留 1 年至 5 年。

第 319a 条[1]

出于任何目的、以任何形式买卖不满 18 周岁的儿童的，处 5 年至 15 年监禁和 500 000 第纳尔至 1 500 000 第纳尔罚金。

买卖儿童的教唆者或中间人，处以相同的刑罚。

如果犯罪由有组织犯罪集团实施或者具有跨国性质的，处 10 年至 20 年徒刑和 1 000 000 第纳尔至 2 000 000 第纳尔罚金。

本罪的未遂，处与对既遂罪所规定刑罚相同之刑罚。

第 320 条

有下列情形之一的，处 2 个月至 6 个月监禁和 500 第纳尔至 20 000 第纳尔罚金：

1. 出于营利目的，怂恿父母或父母一方遗弃已经出生或者即将出生的子女的；

2. 已经导致或试图导致未来父母或其中一方签署承诺遗弃未出生子女的契约，或者持有此类契约、已经利用或试图利用该契约的；

3. 出于营利目的，已经或者试图在儿童的收养中发挥居间作用的。

第 320a 条[2]

第 60a 条的规定适用于本节第 314 条（第 3 款和第 4 款）、第

---

[1] 被 2014 年 2 月 4 日第 14-01 号法律新增（第 07/2014 号政府公报第 6 页）。

[2] 被 2006 年 12 月 20 日第 06-23 号法律新增（第 84/2006 号政府公报第 20 页）；被 2014 年 2 月 4 日第 14-01 号法律修正（第 07/2014 号政府公报第 6 页）。

315 条（第 3 款、第 4 款和第 5 款）、第 316 条（第 4 款）和第 317 条（第 4 款和第 5 款）、第 318 条和第 319a 条规定的犯罪。

第 3 节 妨碍儿童身份识别的重罪与轻罪

第 321 条[1]

在明知因此将使儿童无法被识别身份的情况下，转移、隐匿该儿童或用另一个儿童替换，或者使其实际上看起来为非生育其的妇女所生的，处 5 年至 10 年徒刑和 500 000 第纳尔至 1 000 000 第纳尔罚金。

如果不能确定该儿童还活着的，处 1 年至 5 年监禁和 100 000 第纳尔至 500 000 第纳尔罚金。

如果确定该儿童不再活着的，处 1 年至 2 年监禁和 10 000 第纳尔至 20 000 第纳尔罚金。

然而，如果是在儿童的父母主动地送交或者遗弃之后，使该儿童实际上看起来为非生育其的妇女所生的，处 1 年至 5 年监禁和 100 000 第纳尔至 500 000 第纳尔罚金。

根据本法典第 51a 条规定的条件，宣告法人对上述各款规定的犯罪承担刑事责任。

根据第 18a 条规定的方式对法人处罚金，并在适用的情况下处以第 18a-2 条规定的刑罚。

对法人还可处第 18a 条规定的一种或者多种附加刑。

第 4 节 拐取和不代表未成年人行使权利

第 322 条（废止）[2]

第 323 条（废止）[3]

---

[1] 被 1982 年 2 月 13 日第 82-04 号法律修正（第 07/1982 号政府公报第 210 页）；被 2006 年 12 月 20 日第 06-23 号法律修正（第 84/2006 号政府公报第 20 页）。

[2] 被 1975 年 6 月 17 日第 75-47 号法令废止（第 53/1975 号政府公报第 615 页）。

[3] 被 1975 年 6 月 17 日第 75-47 号法令废止（第 53/1975 号政府公报第 615 页）。

第 324 条 （废止）[1]

第 325 条 （废止）[2]

第 326 条

略诱、和诱或者试图略诱、和诱未满 18 周岁的未成年人，未使用暴力、威胁或者欺诈的，处 1 年至 5 年监禁和 500 第纳尔至 2000 第纳尔罚金。

如果被略诱、和诱的未成年人已经和拐取人结婚的，只能基于有提出婚姻无效权利之人的告诉对拐取人进行起诉，并且只能在婚姻被宣告无效之后进行定罪判刑。

第 327 条

负责监护儿童的人，不代表该儿童向其享有请求权的人提出请求的，处 2 年至 5 年监禁。

第 328 条

在有执行力的临时或最终的司法裁判对未成年人的监护做出裁决时，父亲、母亲或者其他人不代表该未成年人向其享有请求权的人、略诱或和诱（无论是否使用欺诈或暴力）该未成年人之人、导致该未成年人从被委托看护的人或者放置该未成年人的场所被略诱或和诱之人提出请求的，处 1 个月至 1 年监禁和 500 第纳尔至 5000 第纳尔罚金。

如果犯罪人被宣布剥夺亲权的，可以加重到 3 年监禁。

第 329 条

除应当以共犯论处的情形外，如果明知地藏匿被略诱或和诱的未成年人或逃避对其的搜寻，或者从其被依法移交的权力机关将其偷走的，处 1 年至 5 年监禁，并处或者单处 500 第纳尔至 2500 第纳

---

[1] 被 1975 年 6 月 17 日第 75-47 号法令废止（第 53/1975 号政府公报第 615 页）。

[2] 被 1975 年 6 月 17 日第 75-47 号法令废止（第 53/1975 号政府公报第 615 页）。

尔罚金。

第 329a 条[1]

对第 328 条的公诉，只能基于被害人的告诉而提起。

被害人的宽恕导致刑事诉讼的终止。

第 5 节 抛弃家庭

第 330 条[2]

有下列情形之一的，处 6 个月至 2 年监禁和 50 000 第纳尔至 200 000 第纳尔罚金：

1. 父母在无重要理由的情况下离开家庭住所超过 2 个月并且不履行亲权或者法定监护所产生的精神方面或物质方面的所有义务的；2 个月期间，只能在意味着其明确重新开始家庭生活意愿并回家时才能中断；

2. 丈夫在无重要理由的情况下故意地抛弃妻子超过 2 个月的；

3. 父亲或者母亲（无论是否对其宣告剥夺亲权）以虐待、有害的习惯性醉酒或公认的不当行为、不照料或者不进行必要的管理的方式，严重危害其部分或者全部子女的健康、安全或者品德的。

在本条第 1 款和第 2 款规定的情形下，只能基于被抛弃的配偶的告诉提出起诉。被害人的宽恕导致刑事诉讼的终止。

第 330a 条[3]

对其配偶使用任何形式的强制或胁迫，以便处分他们的财产或者经济收入的，处 6 个月至 2 年监禁。

被害人的宽恕导致刑事诉讼的终止。

---

〔1〕 被 2006 年 12 月 20 日第 06-23 号法律新增（第 84/2006 号政府公报第 20 页）。

〔2〕 被 1982 年 2 月 13 日第 82-04 号法律修正（第 07/1982 号政府公报第 210 页）；被 2006 年 12 月 20 日第 06-23 号法律修正（第 84/2006 号政府公报第 20 页）；被 2015 年 12 月 30 日第 15-19 号法律修正（第 81/2015 号政府公报第 3 页）。

〔3〕 被 2015 年 12 月 30 日第 15-19 号法律修正（第 81/2015 号政府公报第 3-4 页）。

第 331 条 [1]

蔑视对其做出的法院决定或者无视命令其向配偶、尊亲属、卑亲属支付生活费的命令或裁决，故意地不提供法官确定的全部生活费或者支付全部的补助金超过 2 个月的，处 6 个月至 3 年监禁和 50 000 第纳尔至 300 000 第纳尔罚金。

不支付推定为是故意的，除非被证明并非如此。

因习惯性不当行为、懒惰或酗酒而导致的无力支付能力，在任何情况下不能成为债务人的有效抗辩理由。

在不影响适用《刑事诉讼法典》第 37 条、第 40 条和第 329 条规定适用的情况下，应当得到生活费或者补助金的人的住所或居所地的法院也有权审理本条所指的罪行。

在支付应支付的款项之后，被害人的宽恕导致刑事诉讼的终止。

第 332 条

对因为第 330 条和第 331 条规定的罪行被判决有罪的人，还可处以禁止行使本法典第 14 条所指的权利 1 年至 5 年。

第 6 节 妨害风化

第 333 条 [2]

实施妨害风化行为的，处 2 个月至 2 年监禁和 500 第纳尔至 2000 第纳尔罚金。

如果妨害风化行为包括与同性个体之间的违反自然的行为的，处 6 个月至 3 年监禁和 1000 第纳尔至 10 000 第纳尔罚金。

第 333a 条 [3]

制作、持有、意图交易、分销、出租、陈列、展览而进口或导

---

[1] 被 2006 年 12 月 20 日第 06-23 号法律修正（第 84/2006 号政府公报第 20 页）。

[2] 被 1969 年 9 月 16 日第 69-74 号法律修正（第 80/1969 号政府公报第 865 页）；被 1982 年 2 月 13 日第 82-04 号法律修正（第 07/1982 号政府公报第 210 页）。

[3] 被 1982 年 2 月 13 日第 82-04 号法律新增（第 07/1982 号政府公报第 217 页）。

致进口、向公众展示或试图展示、出售或试图出售、分销或试图分销妨害风化的任何印刷品、文字、图画、海报、雕刻、绘画、照片、印版、模具、复制品或者物品的，处 2 个月至 2 年监禁和 500 第纳尔至 2000 第纳尔罚金。

第 333a-1 条 [1]

以任何方式描绘不满 18 周岁的未成年人从事真实或模拟的露骨性行为，或者主要出于性目的描绘未成年人的性器官，或者制作、分销、传播、宣传、进口、出口、提供、销售、持有未成年人色情制品的，处 5 年至 10 年监禁和 500 000 第纳尔至 1 000 000 第纳尔罚金。

在做出有罪判决时，在不影响善意第三人权利的情况下，法院应当宣告没收用于实施这些犯罪的工具以及非法获得的财产。

第 333a-2 条 [2]

在公共场所以任何行为、手势或言语侵犯女性羞耻心的，处 2 个月至 6 个月监禁，并处或者单处 20 000 第纳尔至 100 000 第纳尔罚金。

如果被害人是不满 16 周岁的未成年人的，刑罚加重 1 倍。

第 333a-3 条 [3]

除非构成更严重的犯罪，以突袭、暴力、强制或威胁手段实施影响被害人性贞洁的侵犯行为的，处 1 年至 3 年监禁和 100 000 第纳尔至 500 000 第纳尔罚金。

在下列情形是显而易见或者为行为人明知的情况下，如果行为人是近亲属，或者被害人是未满 16 周岁的未成年人，或者所实施的行为是利用被害人的脆弱性、疾病、残疾、身体或心理缺陷或怀孕

---

[1] 被 2014 年 2 月 4 日第 14-01 号法律新增（第 07/2014 号政府公报第 6 页）。

[2] 被 2015 年 12 月 30 日第 15-19 号法律修正（第 81/2015 号政府公报第 4 页）。

[3] 被 2015 年 12 月 30 日第 15-19 号法律修正（第 81/2015 号政府公报第 4 页）。

状态而实施的，处 2 年至 5 年监禁。

第 334 条[1]

在未使用暴力的情况下，对未满 16 周岁的未成年人（无论男女）实施或试图实施猥亵行为的，处 5 年至 10 年监禁。

尊亲属对未成年人（包括已满 16 周岁但未因结婚而解除监护的人）实施猥亵行为的，处 5 年至 10 年徒刑。

第 335 条[2]

使用暴力对任何性别的人实施或试图实施猥亵行为的，处 5 年至 10 年徒刑。

如果犯罪是针对未满 16 周岁的未成年人实施的，处 10 年至 20 年徒刑。

第 336 条[3]

实施强奸罪的，处 5 年至 10 年徒刑。

强奸未满 18 周岁的未成年人的，处 10 年至 20 年徒刑。

第 337 条

如果犯罪人是被猥亵或者被强奸人的尊亲属，或者属于对被害人具有权力的阶层的人员，或者是被害人的老师或雇用的仆人，或者是上述人员的雇用仆人，或者是宗教官员或牧师，或者犯罪人（无论是谁）在犯罪过程中得到一人或者多人的协助的，在第 334 条第 1 款规定的情形下，处 10 年至 20 年徒刑；在第 335 条和第 336 条规定的情形下，处无期徒刑。

---

[1] 被 1969 年 9 月 16 日第 69-74 号法律修正（第 80/1969 号政府公报第 864 页）；被 1975 年 6 月 17 日第 75-47 号法令修正（第 53/1975 号政府公报第 615 页）。

[2] 第 2 款被 1975 年 6 月 17 日第 75-47 号法令修正（第 53/1975 号政府公报第 615 页）。

[3] 第 2 款被 1975 年 6 月 17 日第 75-47 号法令修正（第 53/1975 号政府公报第 615 页）；第 2 款被 2014 年 2 月 4 日第 14-01 号法律修正（第 07/2014 号政府公报第 6 页）。

第 337a 条〔1〕

下列主体之间的性行为，视为乱伦：

1. 直系尊亲属或者卑亲属；
2. 同胞兄弟姐妹、同父异母兄弟姐妹或者同母异父兄弟姐妹；
3. 一个人与其同胞兄弟姐妹、同父异母兄弟姐妹、同母异父兄弟姐妹之子女，或与后者的卑亲属；
4. 母亲或父亲与其子女或卑亲属之丈夫、妻子、鳏夫或寡妇；
5. 继父或继母与配偶另一方的卑亲属；
6. 一方是其兄弟姐妹的妻子或丈夫。

在前款第 1 项和第 2 项所指的情形下，处 10 年至 20 年徒刑；在第 3 项、第 4 项和第 5 项所指的情形下，处 5 年至 10 年监禁；在第 6 项所指的情形下，处 2 年至 5 年监禁。

合法收养人与养子女之间发生性行为的，处以对直系尊亲属或者卑亲属之间乱伦所规定的刑罚。

对父亲、母亲或者合法收养人判处的刑罚，包含剥夺监护权和/或合法收养权。

第 338 条

有同性恋行为的，处 2 个月至 2 年监禁和 500 第纳尔至 2000 第纳尔罚金。

如果一方行为人是未满 18 周岁的未成年人的，对该成年人可以加重至 3 年监禁和 10 000 第纳尔罚金。

第 339 条〔2〕

已婚妇女犯通奸罪的，处 1 年至 2 年监禁。

与明知已婚的妇女通奸的，处以相同的刑罚。

已婚男人犯通奸罪的，处 1 年至 2 年监禁；在不违反前款规定

---

〔1〕 被 1975 年 6 月 17 日第 75-47 号法令新增（第 53/1975 号政府公报第 615 页）；被 2014 年 2 月 4 日第 14-01 号法律修正（第 07/2014 号政府公报第 6 页）。

〔2〕 被 1982 年 2 月 13 日第 82-04 号法律修正（第 07/1982 号政府公报第 210 页）。

的情况下，对女性共同正犯，处以相同的刑罚。

只能基于被冒犯的配偶的告诉提出起诉。

被冒犯的配偶的宽恕导致刑事诉讼的终止。

第 340 条（废止）[1]

第 341 条

可以通过刑事调查官起草的现行犯罪调查结果报告，或者通过来源于被告人的信件或文书中的相关供述或当庭供述，来确定根据第 339 条处罚的犯罪的证据。

第 341a 条[2]

滥用其职权或职业所赋予的权力，为了获得性方面的好处，向他人发号施令、发出威胁、实施强制或者施加压力的，视为实施性骚扰罪，处 1 年至 3 年监禁和 100 000 第纳尔至 300 000 第纳尔罚金。

以任何具有性性质的行为、言论或者暗示骚扰他人的，也构成前款所指的犯罪，处以相同的刑罚。

在下列情形是显而易见或者为行为人明知的情况下，如果行为人是近亲属，或者被害人是未满 16 周岁的未成年人，或者所实施的行为是利用被害人的脆弱性、疾病、残疾、身体或心理缺陷或怀孕状态而实施的，处 2 年至 5 年监禁和 200 000 第纳尔至 500 000 第纳尔罚金。

对于累犯，刑罚加重 1 倍。

第 341a-1 条[3]

第 60a 条的规定适用于本节第 334 条、第 335 条、第 336 条、第 337 条和第 337a 条规定的犯罪。

---

〔1〕被 1982 年 2 月 13 日第 82-04 号法令废止（第 07/1982 号政府公报第 218 页）。

〔2〕2004 年 11 月 10 日第 04-15 号法律新增（第 71/2004 号政府公报第 10 页）；被 2015 年 12 月 30 日第 15-19 号法律修正（第 81/2015 号政府公报第 4 页）。

〔3〕被 2006 年 12 月 20 日第 06-23 号法律新增（第 84/2006 号政府公报第 21 页）。

第 7 节　煽动未成年人放荡和卖淫

第 342 条[1]

唆使、帮助或者便利未满 18 周岁的未成年人放荡或堕落（即便是偶尔实施）的，处 5 年至 10 年监禁和 20 000 第纳尔至 100 000 第纳尔罚金。

本条所指犯罪的未遂，处与对既遂罪所规定刑罚相同之刑罚。

第 343 条[2]

除构成更严重的犯罪外，故意地实施下列行为的，处 2 年至 5 年监禁和 500 第纳尔至 20 000 第纳尔罚金：

1. 以任何方式帮助、协助、保护他人卖淫或者以卖淫为目的拉客的；

2. 以任何形式瓜分他人的卖淫收入，或者接受惯常从事卖淫的人的献纳金，或者自己从他人的卖淫活动中获取收入来源的；

3. 与惯常从事卖淫的人一起生活的；

4. 与惯常从事卖淫的人保持经常联系，不能证明与其生活方式相应的收入来源正当的；

5. 以卖淫为目的招募、训练、供养某人（无论是否获得其同意以及是否成年），或者交付其从事卖淫或者放荡行为的；

6. 在从事卖淫或放荡行为的人与经营或酬劳他人卖淫或放荡行为的人之间，以任何身份充当中间人的；

7. 以威胁、施压、诡计或任何其他方式，阻扰有资质的组织对从事卖淫或有卖淫风险的人采取的预防、监管、救助或再教育行动的。

本条所指犯罪的未遂，处与对既遂罪所规定刑罚相同之刑罚。

---

[1]　第 1 款被 1975 年 6 月 17 日第 75-47 号法令修正（第 53/1975 号政府公报第 615 页）；被 1982 年 2 月 13 日第 82-04 号法律修正（第 07/1982 号政府公报第 211 页）；被 2014 年 2 月 4 日第 14-01 号法律修正（第 07/2014 号政府公报第 7 页）。

[2]　第 1 款被 1975 年 6 月 17 日第 75-47 号法令修正（第 53/1975 号政府公报第 615 页）。

第 344 条[1]

如果具有下列情形之一的，第 343 条规定的刑罚加重至 5 年至 10 年监禁和 20 000 第纳尔至 200 000 第纳尔罚金：

1. 犯罪是针对未满 18 周岁的未成年人实施的；
2. 犯罪伴随有威胁、强制、暴力、粗暴行为、滥用权力或者欺诈的；
3. 行为人携带显露或隐藏的武器的；
4. 行为人是受害人的配偶、父亲、母亲或监护人，或者属于第 337 条所列类型之一的；
5. 行为人是因为其职责被要求参与打击卖淫、保护健康或青年或者维护公共秩序的人的；
6. 犯罪是针对多人实施的；
7. 犯罪的被害人被交付或者唆使在阿尔及利亚领域外从事卖淫的；
8. 犯罪受害人是在抵达阿尔及利亚领域时或在抵达阿尔及利亚领域后的短时间内被交付或唆使从事卖淫的；
9. 犯罪是由多名正犯或者共犯实施的。

本条所指犯罪的未遂，处与对既遂罪所规定刑罚相同之刑罚。

第 345 条

即使属于犯罪构成要素的某些行为实施于共和国领域外，也可以处以第 342 条至第 344 条规定的刑罚。

第 346 条[2]

掌管、经营、资助或协助资助酒店、带家具出租的房屋、膳宿

---

［1］ 第 1 款被 1975 年 6 月 17 日第 75-47 号法令修正（第 53/1975 号政府公报第 615 页）；被 1982 年 2 月 13 日第 82-04 号法律修正（第 07/1982 号政府公报第 211 页）；第 1 款及其第 1 项被 2014 年 2 月 4 日第 14-01 号法律修正（第 07/2014 号政府公报第 7 页）。

［2］ 第 2 款被 1975 年 6 月 17 日第 75-47 号法令修正（第 53/1975 号政府公报第 616 页）；被 1982 年 2 月 13 日第 82-04 号法律修正（第 07/1982 号政府公报第 211 页）。

公寓、酒吧、餐厅、夜总会、俱乐部、舞厅、娱乐场所或其附属设施或者对公众开放或为公众使用的任何场所的人，接受或经常容许一人或多人在该机构或其附属建筑物内从事卖淫活动或者在该机构内招揽卖淫客户的，处2年至5年监禁和10 000第纳尔至100 000第纳尔罚金。

协助上述掌管人、经营人、职员或资助人的，处以相同的刑罚。

本条所规定犯罪的未遂，处与对既遂罪所规定刑罚相同之刑罚。

在所有情况下，有罪判决必须命令吊销被定罪人作为受益人的许可证。此外还必须宣布关闭该机构，期间为从判决宣告之日起不少于1年。

第347条〔1〕

以手势、语言、文字或任何其他方式公开招揽男女，意图怂恿他们实施放荡行为的，处6个月至2年监禁和1000第纳尔至20 000第纳尔罚金。

本罪的未遂，处与对既遂罪所规定刑罚相同之刑罚。

第348条〔2〕

在其以任何身份支配的非公众使用的地点或场所内，容许从事卖淫的人惯常和秘密地实施放荡行为，如果未构成更严重的犯罪的，处2年至5年监禁和500第纳尔至2000第纳尔罚金。

本罪的未遂，处与对既遂罪所规定刑罚相同之刑罚。

第349条

在所有情形下，对本节所规定犯罪的犯罪人，还可处以禁止行使第14条所指的一项或多项权利和禁止居留1年至5年。

---

〔1〕被1982年2月13日第82-04号法律修正（第07/1982号政府公报第211页）。

〔2〕被1975年6月17日第75-47号法令修正（第53/1975号政府公报第616页）。

第 349a 条[1]

第 60a 条的规定适用于本节第 342 条和第 344 条规定的犯罪。

第 3 章　侵犯财产的重罪与轻罪

第 1 节　夺取和敲诈

第 350 条[2]

秘密夺取不属于他的财产的，构成盗窃罪，处 1 年至 5 年监禁和 100 000 第纳尔至 500 000 第纳尔罚金。

秘密夺取水、燃气或者电的，处以相同的刑罚。

对犯罪人，还可处以禁止第 9a-1 条所指的一项或多项权利和基于本法典第 12 条、第 13 条规定条件的禁止居留 1 年至 5 年。

本条规定的犯罪的未遂，处与对既遂罪所规定刑罚相同之刑罚。

第 350a 条[3]

如果夺取是使用暴力或暴力威胁实施的，或者在显而易见或者为行为人明知的情况下利用被害人因为年龄、疾病、残疾、身体或心理缺陷或怀孕状态所致的特别脆弱状态的便利而实施的，处 2 年至 10 年监禁和 200 000 第纳尔至 1 000 000 第纳尔罚金。

对犯罪人，还可处以禁止第 9a-1 条所指的一项或多项权利和基于本法典第 12 条、第 13 条规定条件的禁止居留 1 年至 5 年。

本条规定的犯罪的未遂，处与对既遂罪所规定刑罚相同之刑罚。

第 350a-1 条[4]

夺取或者试图夺取受保护的或已被认定的可移动文化遗产的，

---

[1] 被 2006 年 12 月 20 日第 06-23 号法律新增（第 84/2006 号政府公报第 21 页）。

[2] 被 1982 年 2 月 13 日第 82-04 号法律修正（第 07/1982 号政府公报第 211 页）；被 2006 年 12 月 20 日第 06-23 号法律修正（第 84/2006 号政府公报第 21 页）。

[3] 被 2006 年 12 月 20 日第 06-23 号法律新增（第 84/2006 号政府公报第 21 页）。

[4] 被 2009 年 2 月 25 日第 09-01 号法律新增（第 15/2009 号政府公报第 7 页）。

处 2 年至 10 年监禁和 200 000 第纳尔至 1 000 000 第纳尔罚金。

第 350a-2 条[1]

如果上述第 350a-1 条所指犯罪的实施具有下列情形之一的，处 5 年至 15 年监禁和 500 000 第纳尔至 1 500 000 第纳尔罚金：

——行为人的职责为其实施提供便利的；

——犯罪人不止一人的；

——携带武器或者威胁使用武器实施的；

——犯罪是由有组织犯罪集团实施或者具有跨国性质的。

第 351 条[2]

如果全部或部分夺取人携带显露或隐藏的武器的，即使夺取是由其中一人实施而且也不具备其他加重情节，对构成夺取罪的人，处无期徒刑。

如果全部或部分犯罪人在带他们到犯罪现场或用来确保他们逃离的机动车辆中携带武器的，处以相同的刑罚。

第 351a 条[3]

夺取罪有下列情形之一的，处无期徒刑：

1. 在火灾期间或者在爆炸、倒塌、地震、洪水、海难、叛乱、骚乱或任何其他混乱之后实施的；

2. 针对确保公共或私人的交通工具安全的物品实施的。

第 352 条[4]

夺取罪实施于公共道路上，或者用于运送乘客、信件或行李的

---

[1] 被 2009 年 2 月 25 日第 09-01 号法律新增（第 15/2009 号政府公报第 7 页）。

[2] 第 1 款被 1975 年 6 月 17 日第 75-47 号法令修正（第 53/1975 号政府公报第 616 页）；被 2006 年 12 月 20 日第 06-23 号法律修正（第 84/2006 号政府公报第 21 页）。

[3] 被 2006 年 12 月 20 日第 06-23 号法律新增（第 84/2006 号政府公报第 21 页）。

[4] 被 2006 年 12 月 20 日第 06-23 号法律修正（第 84/2006 号政府公报第 21 页）。

车辆中，或者铁路、车站、港口、机场、上下乘平台范围内的，处5年至10年监禁和500 000第纳尔至1 000 000第纳尔罚金。

对犯罪人，法院还可处以禁止第9a-1条所指的一项或多项权利和基于本法典第12条、第13条规定条件的禁止居留。

本条规定的犯罪的未遂，处与对既遂罪所规定刑罚相同之刑罚。

第353条〔1〕

实施夺取罪，具有两种以上的下列情形的，处10年至20年徒刑和1 000 000第纳尔至2 000 000第纳尔罚金：

1. 使用暴力或者暴力威胁实施夺取罪的；
2. 在夜间实施夺取罪的；
3. 两个或者更多人结伙实施夺取罪的；
4. 通过攀墙越栏、从外部或内部破门破壁、地下打洞、假钥匙或撕毁封签进入有人居住或者用于居住的房屋、公寓、房间或住所或其附属建筑中实施夺取罪的；
5. 夺取罪的行为人为方便其行动或者帮助其逃跑而确保对某一机动车辆的支配的；
6. 行为人是仆人或者雇用的服务员（即使夺取罪不是针对其所服务的人而是针对在其雇主的住宅中或者其伴随雇主所在的地方中的人实施）的；
7. 行为人作为工人或学徒在其雇主的房屋、车间或仓库中实施，或者作为个人在其通常工作的处所中实施的。

第354条〔2〕

实施夺取罪，只具有下列情形之一的，处5年至10年监禁和500 000第纳尔至1 000 000第纳尔罚金：

1. 在夜间实施夺取罪的；

---

〔1〕 被2006年12月20日第06-23号法律修正（第84/2006号政府公报第21页）。

〔2〕 被2006年12月20日第06-23号法律修正（第84/2006号政府公报第22页）。

2. 两个或者更多人实施夺取罪的；

3. 通过攀墙越栏、从外部或内部破门破壁、地下打洞、假钥匙或撕毁封签实施夺取罪（无论是否在用于居住的建筑物中）的。

对犯罪人，法院还可处以禁止第 9a-1 条所指的一项或多项权利和基于本法典第 12 条、第 13 条规定条件的禁止居留。

本条规定犯罪的未遂，处与对既遂罪所规定刑罚相同之刑罚。

第 355 条

有人居住的房屋，是指打算用于居住（即使目前没有人居住）的任何建筑物、住所、小屋、帐篷甚至移动小屋，以及所有附属于它的庭院、后院、谷仓、马厩、围在其中的建筑物（无论它们的用途如何，也无论它们在总的围墙或栅栏中是否还有一个特有的栅栏）。

第 356 条

破门破壁，是指为了使某人能够进入封闭场所或者夺取封闭场所内、封闭的家具或容器中的物品，以破坏、毁灭或任何其他方式强行弄开或试图强行弄开任何封闭系统的行为。

第 357 条

攀墙越栏，是指越过墙壁、门、屋顶或任何其他栅栏进入任何房屋、建筑物、庭院、后院、大厦、花园、公园和围起来的场所的行为。

通过不是作为入口而设立的地下洞口进入，是与攀墙越栏具有相同严重性的情节。

第 358 条

假钥匙，是指犯罪人将用于锁、挂锁或任何封闭装置的所有钩型工具、开锁用的钩子、万能钥匙、仿制的钥匙、伪造的钥匙、变造的钥匙或者非所有人、承租人、旅店老板、带家具的房屋出租人所预期的钥匙。

被犯罪人不当扣留的真钥匙，视为假钥匙。

第 359 条[1]

伪造或者变造钥匙的,处 3 个月至 2 年监禁和 500 第纳尔至 1500 第纳尔罚金。

如果犯罪人是职业锁匠,除非其行为构成更严重犯罪的共犯,处 2 年至 5 年监禁和 1000 第纳尔至 10 000 第纳尔罚金。

对犯罪人,还可处以禁止行使第 14 条所指的一项或多项权利和禁止居留 1 年至 5 年。

第 360 条

公共道路,是指位于居民点以外,个人可以在白天或晚上的任何时间不受任何人合法异议地自由通行的道路、轨道、小径或其他专供公众使用的任何场所。

第 361 条[2]

夺取或者试图夺取用于驮货、拉车或骑乘的马匹或牲畜、大小动物或者农具的,处 1 年至 5 年监禁和 1000 第纳尔至 10 000 第纳尔罚金。

在田地里夺取或者试图夺取已经从土地中分离的农作物或其他有用的土地产品(即使是成捆或成堆)的,处 15 日至 2 年监禁和 500 第纳尔至 1000 第纳尔罚金。

夺取已砍伐的木材、采石场的石头,以及夺取池塘、养鱼池或水库中的鱼的,处 15 日至 1 年监禁和 500 第纳尔至 1000 第纳尔罚金。

如果夺取实施于夜间,或者由多人实施,或者借助于车辆或驮畜实施的,处 1 年至 5 年监禁和 1000 第纳尔至 10 000 第纳尔罚金。

夺取或者试图夺取在其夺走之前尚未从土地中分离的农作物或其他有用的土地产品的,无论是用篮子、袋子或其他等效物品、是

---

[1] 被 1982 年 2 月 13 日第 82-04 号法律修正(第 07/1982 号政府公报第 211 页)。

[2] 被 1982 年 2 月 13 日第 82-04 号法律修正(第 07/1982 号政府公报第 211 页)。

否在夜间、是否借助于车辆或驮畜、是否由两人或多人结伙实施，处 3 个月至 2 年监禁和 1000 第纳尔至 10 000 第纳尔罚金。

第 362 条

为了实施夺取，移除或者试图移除作为财产之间分界线的界标的，处 2 年至 5 年监禁和 500 第纳尔至 2000 第纳尔罚金。

对犯罪人，还可处以禁止行使第 14 条所指的一项或多项权利 1 年至 5 年。

第 363 条

遗产的共同继承人或起诉人在分割之前偷偷地处分全部或部分遗产的，处 2 个月至 3 年监禁和 500 第纳尔至 3000 第纳尔罚金。

共同所有人或合伙人偷偷地处分共同财产或公司基金的，处以相同的刑罚。

对犯罪人，还可处以禁止行使第 14 条所指的一项或多项权利和禁止居留 1 年至 5 年。

本条规定犯罪的未遂，处与对既遂罪所规定刑罚相同之刑罚。

第 364 条〔1〕

财产被扣押人损毁、转移或者试图损毁、转移从其手中扣押并托其保管的物品的，处 6 个月至 3 年监禁和 500 第纳尔至 5000 第纳尔罚金。

如果被扣押物品是被委托第三人保管的，处 2 年至 5 年监禁和 1000 第纳尔至 10 000 第纳尔罚金。

债务人、借款人或第三方质押人毁损、转移或者试图损毁、转移其作为质押物的物品的，也处以前款规定的刑罚。

在上述情形下，对犯罪人还可处禁止行使本法典第 14 条所指的全部或部分权利和禁止居留 2 年至 5 年。

---

〔1〕 被 1982 年 2 月 13 日第 82-04 号法律修正（第 07/1982 号政府公报第 212 页）。

第365条[1]

在第364条规定的情形下，明知地窝藏被转移的物品的，处1年至5年监禁和1000第纳尔至10 000第纳尔罚金。

财产被扣押人、债务人、借款人或者第三方质押人的配偶、尊亲属、卑亲属帮助其毁损、转移或者试图损毁、转移这些物品的，处以相同的刑罚。

对犯罪人还可处禁止行使本法典第14条所指的全部或部分权利和禁止居留1年至5年。

第366条

明知其完全无支付能力的人，在销售饮料或食品的机构内，要求为其提供已为其全部或部分食用的饮料或食物（即使其住在上述机构中也不例外）的，处2个月至6个月监禁和500第纳尔至1500第纳尔罚金。

明知其完全无支付能力的人，要求为其在旅馆或客栈中安排一间或多间房间并实际入住的，处以相同的刑罚。

但是在第2款规定情形中，对住处的占用不得超过10日。

第367条[2]

明知其完全无支付能力的人，租用豪华型出租汽车的，处6个月至1年监禁和1000第纳尔至5000第纳尔罚金。

第368条[3]

夺取的实施具有下列情形之一的，不以犯罪论处，只能导致民事赔偿：

1. 由尊亲属针对其子女或者其他卑亲属实施的；

---

[1] 被1982年2月13日第82-04号法律修正（第07/1982号政府公报第212页）。

[2] 被1982年2月13日第82-04号法律修正（第07/1982号政府公报第212页）。

[3] 被2015年12月30日第15-19号法律修正（第81/2015号政府公报第4页）。

2. 由卑亲属针对其尊亲属实施的。

第 369 条[1]

配偶、父母、四等以内（含四等）的旁系亲属或者姻亲之间实施的夺取，只能基于被害人的告诉提出刑事起诉。告诉的撤回导致刑事诉讼的终止。

对被夺取物品全部或部分地予以窝藏或者从中获取利益，构成窝藏赃物罪的，适用第 387 条和第 388 条规定的刑罚。

第 370 条

以武力、暴力或强制手段，迫使签署或交付包含或产生债务、处分权或义务解除的任何字据、契约、证券、文书的，处 5 年至 10 年徒刑。

第 371 条[2]

以破坏名誉的揭露或指控为内容的书面或口头威胁，迫使或试图迫使他人交付资金、证券或者签署、交付第 370 条所列的文件，构成敲诈罪的，处 2 年至 5 年监禁和 2000 第纳尔至 30 000 第纳尔罚金。

对犯罪人还可处禁止行使本法典第 14 条所指的全部或部分权利 1 年至 5 年。

第 371a 条[3]

第 60a 条的规定适用于本节第 350a 条至第 354 条和第 370 条规定的犯罪。

第 2 节　诈骗和签发空头支票

第 372 条

通过使用假名、假身份或者通过采用欺诈手段来说服虚假企业、

---

[1] 被 2015 年 12 月 30 日第 15-19 号法律修正（第 81/2015 号政府公报第 4 页）。

[2] 被 1982 年 2 月 13 日第 82-04 号法律修正（第 07/1982 号政府公报第 212 页）。

[3] 被 2006 年 12 月 20 日第 06-23 号法律新增（第 84/2006 号政府公报第 22 页）。

虚构权力、虚构信用的存在或制造对成功、事故或其他虚构事件的希望或恐惧，导致或者试图导致自己被其给予、交付资金、动产或债券、处分权、票据、承诺、收据、义务解除，并通过其中一种方式骗取或试图骗取他人的全部或部分财产的，处 1 年至 5 年监禁和 500 第纳尔至 20 000 第纳尔罚金。

如果犯罪是由向公众发行某公司或工商企业的股票、债券、凭单、股份或任何证券的人实施的，监禁可加重至 10 年，罚金可加重至 200 000 第纳尔。

在所有情形下，对犯罪人还可处禁止行使本法典第 14 条所指的全部或部分权利和禁止居留 1 年至 5 年。

第 373 条

第 368 条和第 369 条关于提起公诉的豁免或者限制规定，适用于第 372 条第 1 款规定的诈骗罪。

第 374 条

有下列情形之一的，处 1 年至 5 年监禁和不少于支票金额或者不足金额的罚金：

1. 在事先没有可用的准备金或准备金少于支票金额的情况下恶意地签发支票，或者在签发后撤回全部或部分准备金，或者禁止受票人付款的；

2. 明知地接受或者背书在前项所述条件下签发的支票的；

3. 签发、接受或背书以不是见票即付而是作为担保为条件的支票的。

第 375 条

有下列情形之一的，处 1 年至 10 年监禁和不少于支票金额或者不足金额的罚金：

1. 伪造或者变造支票的；

2. 明知地同意接受伪造或者变造的支票的。

第 375a 条[1]

在不影响适用《刑事诉讼法典》第 37 条、第 40 条和第 329 条规定适用的情况下，支票付款地的法院或支票受益人居住地的法院也有权对本法第 16a-3 条和第 374 条所规定的犯罪进行调查、起诉、预审或者判决。

第 3 节　背　信

第 376 条

恶意地侵吞或挥霍财产、金钱、货物、票据、收据或者包含、产生债务或义务解除的任何其他文书（这些物品被托付给他只是因为租赁、保管、委托、质押、使用借贷，或者因为其有薪或无薪工作而负责归还、送返或用于特定的用途），损害所有人、占有人或掌管人的利益的，构成背信罪，处 3 个月至 3 年监禁和 500 第纳尔至 20 000 第纳尔罚金。

对犯罪人，还可处以禁止行使第 14 条所指的一项或多项权利和禁止居留 1 年至 5 年。

本条的规定，不影响第 158 条和第 159 条中关于窃取或者夺取公共保管的票据或文书的规定。

第 377 条

第 368 条和第 369 条关于提起公诉的豁免或者限制规定，适用于第 376 条规定的背信罪。

第 378 条

如果背信罪的实施具有下列情形之一的，监禁可以加重至 10 年、罚金可以加重至 200 000 第纳尔：

——行为人为了本人利益或者以工商业企业的经理、董事或职员名义，进行公众募集以存款、委托、质押的名义获取他人交纳的资金或有价证券的；

---

[1] 被 2006 年 12 月 20 日第 06-23 号法律新增（第 84/2006 号政府公报第 22 页）。

——由经纪人、中间人、专业顾问或契约起草人实施，并且与不动产或营业资产的售价、房地产公司的股票或股份的认购、购买或出售价格或者法律允许转让的租赁合约的售价有关的。

第376条第2款的规定也可以适用于本条规定的犯罪。

第379条

如果背信罪是由公务助理人员或者司法助理人员在履行职责时或因为履行其职责实施的，处5年至10年徒刑。

第380条〔1〕

滥用不满19周岁的未成年人的需要、弱点、激情或缺乏经验，使其同意对他的损害、承担债务、义务免除或者与其财产有关的其他行为的，处3个月至3年监禁和500第纳尔至10 000第纳尔罚金。

如果被害人处于犯罪人的监护、监督或者权力控制之下的，处1年至5年监禁和1000第纳尔至15 000第纳尔罚金。

在本条规定的所有情形下，对犯罪人，还可处以禁止行使第14条所指的一项或多项权利和禁止居留1年至5年。

第381条〔2〕

滥用委托给其的空白支票，以欺诈方式填写，超出范围承担义务或解除义务或者实施任何其他可能危及签字人人身或财产的行为的，处1年至5年监禁和1000第纳尔至50 000第纳尔罚金。

对犯罪人，还可处以禁止行使第14条所指的一项或多项权利和禁止居留1年至5年。

在未将空白支票委托给行为人的情况下，对其以伪造罪起诉和处罚。

第382条

任何证券、文书或备忘录在行政或司法争议中被出示后，以任

---

〔1〕 被1982年2月13日第82-04号法律修正（第07/1982号政府公报第212页）。

〔2〕 被1982年2月13日第82-04号法律修正（第07/1982号政府公报第212页）。

何方式予以夺取或者拒绝再出示的，处 2 个月至 6 个月监禁和 100 第纳尔至 1000 第纳尔罚金。

第 382a 条〔1〕

如果本编第 3 章第 1 节、第 2 节和第 3 节规定的犯罪对国家或者第 396a 条所指的法人造成损害的，处以下列刑罚：

1. 在第 352 条、第 353 条和第 354 条规定的情形下，处无期徒刑；

2. 如果是刑法典第 370 条规定以外的犯罪的，处 2 年至 10 年监禁。

第 382a-1 条〔2〕

根据本法典第 51a 条规定的条件，宣告法人对本章第 1 节、第 2 节和第 3 节规定的犯罪承担刑事责任。

根据第 18a 条规定的方式对法人处罚金，并在适用的情况下处以第 18a-2 条规定的刑罚。

对法人还可处第 18a 条规定的一种或者多种附加刑。

第 4 节　破　产

第 383 条〔3〕

对根据《商法典》规定的情形被宣告构成破产罪的人，予以下列处罚：

——普通破产人，处 2 个月至 2 年监禁和 25 000 第纳尔至 200 000 第纳尔罚金；

——欺诈破产人，处 1 年至 5 年监禁和 100 000 第纳尔至 500 000

---

〔1〕 被 1975 年 6 月 17 日第 75-47 号法令新增（第 53/1975 号政府公报第 616 页）；被 1982 年 2 月 13 日第 82-04 号法律修正（第 07/1982 号政府公报第 217 页）；被 2001 年 6 月 26 日第 01-09 号法律修正（第 34/2001 号政府公报第 15 页）。

〔2〕 被 2006 年 12 月 20 日第 06-23 号法律新增（第 84/2006 号政府公报第 22 页）。

〔3〕 被 2006 年 12 月 20 日第 06-23 号法律修正（第 84/2006 号政府公报第 22 页）。

第纳尔罚金。

对欺诈破产人,还可处以禁止第 9a-1 条所指的一项或多项权利 1 年至 5 年。

第 384 条[1]

对普通破产或者欺诈破产的共犯,即使没有商人身份,也应处以本法典第 383 条规定的刑罚。

第 385 条(废止)[2]

第 5 节 侵夺不动产[3]

第 386 条[4]

以突袭或欺诈手段侵夺他人的不动产的,处 1 年至 5 年监禁和 2000 第纳尔至 20 000 第纳尔罚金。

如果侵夺的实施发生于夜间,或者使用威胁或暴力,或者借助于攀墙越栏或破门破壁,或者由数人实施的,或者正犯中的一人或数人携带了显露或隐藏的武器的,处 2 年至 10 年监禁和 10 000 第纳尔至 30 000 第纳尔罚金。

第 386a 条[5]

在未经主管行政当局授权的情况下,利用公共道路、公共道路的一部分或者公共或私人空间作为车辆停车场收取费用的,处 6 个月至 2 年监禁,并处或者单处 25 000 第纳尔至 200 000 第纳尔罚金。

法院还应命令没收因该罪行所得的款项。

---

[1] 被 2006 年 12 月 20 日第 06-23 号法律修正(第 84/2006 号政府公报第 22 页)。

[2] 被 1982 年 2 月 13 日第 82-04 号法令废止(第 07/1982 号政府公报第 218 页)。

[3] 被 1982 年 2 月 13 日第 82-04 号法律修正(第 07/1982 号政府公报第 218 页)。

[4] 被 1982 年 2 月 13 日第 82-04 号法律修正(第 07/1982 号政府公报第 212 页)。

[5] 2021 年 12 月 28 日第 21-14 号法令新增(第 99/2021 号政府公报第 10 页)。

第6节　窝藏赃物

第387条

明知地全部或部分地窝藏被夺取、侵吞或者依靠重罪或轻罪所获得的物品的，处1年至5年监禁和500第纳尔至20 000第纳尔罚金。

罚金甚至可以提高到20 000第纳尔以上，最高可达被窝藏物品价值的一半。

对犯罪人，还可处以禁止行使本法典第14条所指的一项或多项权利1年至5年。

如果根据第42条、第43条和第44条构成某一犯罪的共犯的，不影响处以更重的刑罚。

第388条

在对获取窝藏物品的行为适用刑事处罚的情况下，对窝藏者依照法律对犯罪规定的刑罚和窝藏时其所明知的情节进行处罚。

但是，对于窝藏人而言，以无期徒刑代替死刑。

第387条规定的罚金，仍然可以适用。

第389条

第368条和第369条关于提起公诉的豁免或者限制规定，适用于第387条规定的窝藏赃物罪。

第6a节　洗　钱[1]

第389a条

下列行为，视为洗钱：

1. 转换或转移明知为犯罪所得的财产，意图隐瞒、掩饰该财产的非法来源或帮助参与由此产生此类财产的上游犯罪的人逃避其行为的法律后果的；

---

〔1〕 第3卷第2编第3章第6a节由2004年11月10日第04-15号法律新增（第71/2004号政府公报第9页）。

2. 隐瞒或掩饰明知是犯罪所得的财产或有关权利的真实性质、来源、位置、处分、流通或所有权的；

3. 在接受财产时明知财产是犯罪所得的人获取、持有或使用该财产的；

4. 通过提供协助、援助或建议，参与本条规定的任何犯罪或者意图实施犯罪的任何其他团伙、共谋、企图或共犯的。

第 389b 条〔1〕

实施洗钱行为的，处 5 年至 10 年监禁和 1 000 000 第纳尔至 3 000 000 第纳尔罚金。

第 60a 条的规定适用于本条规定的犯罪。

第 389c 条〔2〕

如果洗钱罪是以惯常方式实施，或者利用从事职业活动所提供的便利实施，或者在犯罪组织的框架内实施的，处 10 年至 20 年徒刑和 4 000 000 第纳尔至 8 000 000 第纳尔罚金。

第 60a 条的规定适用于本条规定的犯罪。

第 389d 条

本节规定犯罪的未遂，处与对既遂罪所规定刑罚相同之刑罚。

第 389e 条

本节规定犯罪的对象，包括由此产生的收入和其他利益，无论其属于何人，均由管辖法院命令适用没收财产，除非其所有人证明他是通过合法方式获得它们并且不知道它们的非法来源的。

在洗钱的行为人不明时，管辖法院可以命令没收与犯罪有关的财产。

如果重罪或轻罪的收益已与合法获得的财产相混合的，则仅可在不超过混合在其中的收益的估价的范围内命令没收该财产。

---

〔1〕 2004 年 11 月 10 日第 04-15 号法律新增（第 71/2004 号政府公报第 9 页）；被 2006 年 12 月 20 日第 06-23 号法律修正（第 84/2006 号政府公报第 22 页）。

〔2〕 2004 年 11 月 10 日第 04-15 号法律新增（第 71/2004 号政府公报第 9 页）；被 2006 年 12 月 20 日第 06-23 号法律修正（第 84/2006 号政府公报第 22 页）。

管辖法院还应命令没收用于实施洗钱罪的工具。

如果被没收的财产无法扣押或再现的,管辖法院应当判处与该财产价值相当的罚金。

命令没收的决定或判决必须明确有关财产及其标识和位置。

第 389f 条

对构成第 389b 条和第 389c 条规定的犯罪的自然人,也可以处本法第 9 条规定的一项或者多项的附加刑。

第 389g 条

对构成第 389b 条和第 389c 条规定的犯罪的外国人,可以宣告永久或者最多不超过 10 年的禁止进入领域。

第 389h 条

对实施第 389b 条和第 389c 条规定的犯罪的法人,处以下列刑罚:

——不少于第 389b 条和第 389c 条规定的罚金上限 4 倍的罚金;

——没收被洗钱的财产和收益;

——没收实施犯罪所用的工具。

如果被没收的财产无法扣押或再现的,管辖法院应当判处与该财产价值相当的罚金。

法院还可以宣告下列刑罚:

1. 5 年以下禁止从事职业或者社会活动;
2. 解散法人。

第 7 节　侵犯文学艺术作品著作权

第 390 条 (废止) [1]

第 391 条 (废止) [2]

第 392 条 (废止) [3]

---

[1] 被 1997 年 3 月 6 日第 97-10 号法律废止 (第 13/1997 号政府公报第 18 页)。
[2] 被 1997 年 3 月 6 日第 97-10 号法律废止 (第 13/1997 号政府公报第 18 页)。
[3] 被 1997 年 3 月 6 日第 97-10 号法律废止 (第 13/1997 号政府公报第 18 页)。

第393条（废止）[1]

第394条（废止）[2]

第7a节 侵害数据自动化处理系统[3]

第394a条

以欺诈方式访问或停留于自动化数据处理系统之全部或部分，或者试图这样做的，处3个月至1年监禁和50 000第纳尔至100 000第纳尔罚金。

如果导致系统中包含的数据被删除或者修改的，刑罚加重1倍。

如果导致该系统的功能发生改变的，处6个月至2年监禁和50 000第纳尔至150 000第纳尔罚金。

第394a-1条

以欺诈方式将数据导入自动化数据处理系统，或者以欺诈方式删除或修改其中包含的数据的，处6个月至3年监禁和500 000第纳尔至2 000 000第纳尔罚金。

第394a-2条

故意地以欺诈方式实施下列行为的，处2个月至3年监禁和1 000 000第纳尔至5 000 000第纳尔罚金：

1. 设计、研究、收集、提供、传播或销售由计算机系统存储、处理或传输的数据，并可能实施本节规定的犯罪行为的；

2. 持有、泄露、散布或者使用通过本节规定的犯罪所获得的数据的。

第394a-3条

如果犯罪以国防或者受公法管辖的组织或机构为目标的，本节规定的刑罚加重1倍；不影响对之处以更重的刑罚。

---

[1] 被1997年3月6日第97-10号法律废止（第13/1997号政府公报第18页）。

[2] 被1997年3月6日第97-10号法律废止（第13/1997号政府公报第18页）。

[3] 第3卷第2编第3章第7a节由2004年11月10日第04-15号法律新增（第71/2004号政府公报第10页）。

第 394a-4 条

法人犯本节规定的犯罪的,处为自然人规定的罚金上限 5 倍的罚金。

第 394a-5 条

参加为了预备(已表征为一项或多项的具体行为)实施本节规定的一项或多项犯罪而组成的团伙或达成的共谋的,处以对该犯罪所规定的刑罚。

第 394a-6 条

在不损害善意第三人权利的情况下,用于实施犯罪的工具和程序予以没收,关闭用于实施本节规定犯罪的网站,以及在通知所有人的情况下关闭经营场所和地点。

第 394a-7 条

本节规定的犯罪未遂,处与对既遂罪所规定刑罚相同之刑罚。

第 394a-8 条[1]

2009 年 8 月 5 日第 09-04 号法律"制定关于预防和打击与信息和通信技术相关的犯罪行为的具体规则"第 2 条所指的互联网接入提供商,在由法律规定的国家机构所提交的正式通知或者法院判决的干预强制他这样做的情况下,有下列情形之一的,在不影响现行法律和条例规定的行政处罚的情况下,处 1 年至 3 年监禁,并处或者单处 2 000 000 第纳尔至 10 000 000 第纳尔罚金:

1. 当其内容构成刑法上的犯罪时,不立即对其有权访问的数据以撤回、存储或使其无法访问的方式进行干预的;

2. 不安装使得能够撤回、存储或无法访问包含构成本条第 a 项规定罪行的数据的技术设备的。

---

[1] 2016 年 6 月 19 日第 16-02 号法律修正(第 37/2016 号政府公报第 4 页)。

第 8 节 毁灭、破坏、损坏以及劫持交通工具[1]

第 395 条[2]

故意地对建筑物、住宅、旅舍、帐篷、移动小屋、船舶、小船、商店、建筑工地放火，如果它们当时有人居住或用于居住以及通常有人居住或用于居住的，无论其是否属于犯罪行为人，处无期徒刑。

故意地对载人的车辆、航空器、火车车厢放火，或者对不载人但构成载人列车一部分的车厢放火的，处以相同的刑罚。

第 396 条

对不属于自己的下列物品故意放火的，处以 10 年至 20 年徒刑：

——建筑物、住宅、旅舍、帐篷、移动小屋、船舶、小船、商店、建筑工地，在它们既无人居住也不用于居住时；

——不载人的车辆或航空器；

——森林、树林、灌木丛或者成堆或以数立方计的木材；

——未收割的庄稼、稻草或者成堆或成垛的庄稼；

——不构成载人列车一部分的火车车厢（无论是否装载货物或其他可移动物品）。

第 396a 条[3]

如果第 395 条和第 396 条所指的罪行涉及属于国家、地方当局、受公法管辖的组织或机构的财产的，处无期徒刑。

第 397 条

以点燃或导致点燃属于他自己的第 396 条所列的财物的方式，故意地对他人造成任何损害的，处 5 年至 10 年徒刑。

按照所有人的命令放火的，处以相同的刑罚。

---

〔1〕 第 8 节的标题被 1975 年 6 月 17 日第 75-47 号法令修正（第 53/1975 号政府公报第 616 页）。

〔2〕 被 2006 年 12 月 20 日第 06-23 号法律修正（第 84/2006 号政府公报第 22 页）。

〔3〕 被 1982 年 2 月 13 日第 82-04 号法律新增（第 07/1982 号政府公报第 217 页）；被 2006 年 12 月 20 日第 06-23 号法律修正（第 84/2006 号政府公报第 23 页）。

第 398 条

故意地以可蔓延火势的方式点燃放置的任何物品（无论是否属于他自己），并且已经通过这种蔓延点燃了属于他人的第 396 条所列的物品的，处 5 年至 10 年徒刑。

第 399 条

在第 396 条至第 398 条规定的所有情形下，如果故意放火导致一人或多人死亡的，处死刑。

如果放火导致永久的伤害或残疾的，处无期徒刑。

第 400 条

以地雷或任何其他爆炸性物质的作用力，故意地毁灭或试图毁灭建筑物、住宅、旅舍、帐篷、小木屋、轮船、船只、各种车辆、火车车厢、航空器、商店、建筑工地或其附属物以及一般而言的任何类型的可移动或不可移动的物体之全部或一部的，根据第 395 条至第 399 条规定的不同情形处以这些条文规定的刑罚。

第 401 条[1]

以地雷或任何其他爆炸性物质的作用力，故意地毁灭或试图毁灭公共道路、堤坝、水坝或堤道、桥梁、商业设施、工业设施、铁路设施、港口设施、航空设施、开采设施、生产设施或者任何公共设施的，处死刑。

第 402 条[2]

故意地在公共或私人道路上放置爆炸装置的，处 10 年至 20 年徒刑和 1 000 000 第纳尔至 2 000 000 第纳尔罚金。

但是，如果意图造成死亡而放置该装置的，则该放置构成暗杀未遂并必须因此被处刑。

---

〔1〕被 1975 年 6 月 17 日第 75-47 号法令修正（第 53/1975 号政府公报第 616 页）。

〔2〕被 2006 年 12 月 20 日第 06-23 号法律修正（第 84/2006 号政府公报第 23 页）。

第403条﹝1﹞

如果第401条规定的犯罪导致一人或者多人死亡的，处死刑；如果犯罪导致永久的伤害或者残疾的，处无期徒刑。

第404条

构成刑法第400条、第401条和第402条所指的犯罪的人，如果在犯罪完成之前和进行任何追诉之前，向合法当局披露这些罪行并揭发了正犯，或者促成抓捕其他犯罪人（即使在追诉程序开始之后）的，享受免除处罚事由的处遇并且免除刑罚。

然而他们可被处以禁止居留5年至10年。

第405条

威胁针对第400条和第401条所列的物品放火或者以地雷或任何其他爆炸性物质的作用力进行毁灭的，应根据第284条、第285条和第286条规定的不同情形对威胁进行破坏的行为人进行处罚。

第405a条﹝2﹞

因笨拙失误、轻率不慎、怠慢疏忽或不遵守条例而非故意地导致他人财产着火的，处6个月至3年监禁和10 000第纳尔至20 000第纳尔罚金。

第406条﹝3﹞

故意地以任何方式全部或部分地毁灭或破坏其明知属于他人的建筑物、桥梁、水坝、堤坝、道路、港口设施、工业设施，或者造成机器爆炸或构成工业装置一部分的发动机的毁坏的，处5年至10年徒刑和500 000第纳尔至1 000 000第纳尔罚金。

如果前款规定的犯罪导致死亡的，处无期徒刑；如果导致第三

﹝1﹞ 被2006年12月20日第06-23号法律修正（第84/2006号政府公报第23页）。

﹝2﹞ 被1982年2月13日第82-04号法律新增（第07/1982号政府公报第217页）。

﹝3﹞ 被2006年12月20日第06-23号法律修正（第84/2006号政府公报第23页）。

人永久的伤害或者残疾的，处 10 年至 20 年徒刑和 1 000 000 第纳尔至 2 000 000 第纳尔罚金。

第 406a 条[1]

故意地破坏属于他人的建筑物的一部分的，处 2 个月至 2 年监禁和 500 第纳尔至 5000 第纳尔罚金。

第 407 条[2]

在不影响第 395 条至第 404 条规定适用（如果能适用）的情况下，故意地以任何其他手段全部或者部分地毁灭或破坏属于他人的第 396 条所指的财产的，处 2 年至 5 年监禁和 500 第纳尔至 5000 第纳尔罚金。

本条规定的犯罪未遂，处与对既遂罪所规定刑罚相同之刑罚。

第 408 条[3]

意图造成事故或阻止、妨碍交通，在公路或公共道路上放置阻碍车辆通行的物体或使用任何方法阻碍其前进的，处 5 年至 10 年徒刑和 500 000 第纳尔至 1 000 000 第纳尔罚金。

如果前款规定的犯罪导致死亡的，处无期徒刑；如果导致第三人的永久伤害或者残疾的，处 10 年至 20 年徒刑和 1 000 000 第纳尔至 2 000 000 第纳尔罚金。

第 409 条

除第 158 条规定的情形外，故意以任何方式焚烧或销毁其中包含产生债务、处分、义务免除之内容的公共当局的登记册、会议记录或正本文书以及证券、票据、汇票、商业或银行有价证券，如果毁灭公共当局的文书或者商业或银行有价证券的，处 5 年至 10 年徒

---

[1] 被 1982 年 2 月 13 日第 82-04 号法律新增（第 07/1982 号政府公报第 217 页）。

[2] 被 1982 年 2 月 13 日第 82-04 号法律修正（第 07/1982 号政府公报第 212 页）。

[3] 被 2006 年 12 月 20 日第 06-23 号法律修正（第 84/2006 号政府公报第 23 页）。

刑；如果毁灭其他文件的，处 2 年至 5 年监禁。

第 410 条

故意地毁灭、移除、夺取、隐瞒、掩饰或者更改可能有助于重罪或轻罪的调查、证据的发现或对正犯的惩处的公共或私人文书，未构成更严重的犯罪的，根据第 409 条规定的不同情形，处以第 409 条规定的刑罚。

第 411 条

使用公开武力以聚集或者结伙方式抢劫、损毁食品、货物、日常用品、动产的，处 10 年至 20 年徒刑。

但是，对于那些被证明是在煽动或怂恿驱动下参与这种暴力行为的人，处 5 年至 10 年徒刑。

第 412 条

使用腐蚀性用品或以任何其他方式故意毁坏生产中所用的货物、材料、发动机或者任何工具的，处 3 个月至 3 年监禁和 500 第纳尔至 5000 第纳尔罚金。

如果犯罪人是工厂的工人或者贸易公司的雇员的，处 2 年至 5 年监禁。

在所有情形下，对犯罪人还可处以禁止行使本法典第 14 条所指的一项或多项权利和禁止居留 1 年至 5 年。

第 413 条

破坏未收割的庄稼或自然生长或人工培育的植物的，处 2 年至 5 年监禁和 500 第纳尔至 1000 第纳尔罚金。

对犯罪人，还可处以禁止行使本法典第 14 条所指的一项或多项权利和禁止居留。

第 413a 条 [1]

有下列情形之一的，处 6 个月至 2 年监禁和 500 第纳尔至 1000

---

[1] 被 1982 年 2 月 13 日第 82-04 号法律新增（第 07/1982 号政府公报第 217 页）。

第纳尔罚金：

1. 将任何种类的牲畜带到他人的土地上，特别是人造草地、葡萄树、金桔树、刺山柑植物、橄榄树、桑树、石榴树、橙树和同属树木的土地上以及在果树或其他人工培育树木的苗木或苗圃中的；

2. 在任何季节促使或放任家畜、劳作牲畜、驮货牲畜、骑乘牲畜经过他人已播种或载有收获物的土地的；

3. 让自己的家畜、劳作牲畜、驮货牲畜、骑乘牲畜在收获物被移走之前经过他人土地的。

第 414 条

对农业设备、堆场或固定或移动的守护员小屋进行毁灭、破坏或者使之无法使用的，处 2 个月至 5 年监禁和 500 第纳尔至 1000 第纳尔罚金。

第 415 条

毒害劳作动物、骑乘动物、驮货动物、有角牲畜、绵羊、山羊、其他牲畜、看门狗或在池塘、鱼塘、水库中的鱼类的，处 1 年至 5 年监禁和 500 第纳尔至 3000 第纳尔罚金。

对犯罪人，还可处以禁止行使本法典第 14 条所指的一项或多项权利和禁止居留。

第 416 条

故意地导致或促成家畜、家禽、蜜蜂、蚕、野生动物以及湖泊和河流中的鱼类中的动物流行病的传播的，处 1 年至 5 年监禁和 500 第纳尔至 3000 第纳尔罚金；该罪的未遂，处与对既遂罪所规定刑罚相同之刑罚。

明知传染给动物的传染病正在传播的人，非自愿地导致或非自愿地促成动物流行病在上述物种中传播的，处 500 第纳尔至 15 000 第纳尔罚金。

第 417 条

全部或者部分地填没沟渠、破坏任何材料制成的栅栏、切割或拔除活的或干的树篱、移动或移除界桩或被安放或认可的以建立不同财产之间的边界的任何其他标记的，处 2 个月至 1 年监禁和 500 第纳尔至 1000 第纳尔罚金。

第 417a 条〔1〕

以暴力或暴力威胁夺取或控制已有人登乘的航空器的，处死刑。

如果针对海运或陆运交通工具实施前项规定的行为的，处 10 年至 20 年徒刑和 1 000 000 第纳尔至 2 000 000 第纳尔罚金。

第 417a-1 条〔2〕

故意地传播其明知可能危及飞行中的航空器或船舶的安全的虚假信息的，处无期徒刑。

第 417a-2 条〔3〕

第 60a 条的规定适用于本节第 395 条、第 396 条、第 396a 条、第 399 条、第 400 条、第 401 条、第 402 条、第 403 条、第 406 条、第 408 条、第 411 条、第 417a 条和第 417a-1 条规定的犯罪。

第 417a-3 条〔4〕

根据本法典第 51a 条规定的条件，宣告法人对本章第 4 节、第 5 节、第 6 节和第 8 节规定的犯罪承担刑事责任。

根据第 18a 条规定的方式对法人处罚金，并在适用的情况下处以第 18a-2 条规定的刑罚。

对法人还可处第 18a 条规定的一种或者多种附加刑。

---

〔1〕第 417a 条被 1973 年 7 月 25 日第 73-48 号法令新增（第 100/1973 号政府公报第 1154 页）；被 1975 年 6 月 17 日第 75-47 号法令修正（第 53/1975 号政府公报第 616 页）；被 2006 年 12 月 20 日第 06-23 号法律修正（第 84/2006 号政府公报第 23 页）。

〔2〕被 2006 年 12 月 20 日第 06-23 号法律新增（第 84/2006 号政府公报第 23 页）。

〔3〕被 2006 年 12 月 20 日第 06-23 号法律新增（第 84/2006 号政府公报第 23 页）。

〔4〕被 2006 年 12 月 20 日第 06-23 号法律新增（第 84/2006 号政府公报第 23 页）。

第二部分 罪 名

第3编 妨害国民经济和公共机构正常运行的其他犯罪[1]

第1章 妨害工人参与组建和运行自我管理机构的权利

第418条（废止）[2]

第419条（废止）[3]

第420条（废止）[4]

第421条（废止）[5]

第422条（废止）[6]

第422a条（废止）[7]

---

[1] 第1章被1975年6月17日第75-47号法令废止（第53/1975号政府公报第616页）；被1975年6月17日第75-47号法令修正（第53/1975号政府公报第616页）；第3编的标题被1982年2月13日第82-04号法律修正（第07/1982号政府公报第218页）。

[2] 被1975年6月17日第75-47号法令废止和取代（第53/1975号政府公报第616页）；被2001年6月26日第01-09号法律废止（第34/2001号政府公报第15页）。

[3] 被1975年6月17日第75-47号法令废止和取代（第53/1975号政府公报第616页）；被2001年6月26日第01-09号法律废止（第34/2001号政府公报第15页）。

[4] 被1975年6月17日第75-47号法令废止和取代（第53/1975号政府公报第616页）；被2001年6月26日第01-09号法律废止（第34/2001号政府公报第15页）。

[5] 被1975年6月17日第75-47号法令废止和取代（第53/1975号政府公报第616页）；被1982年2月13日第82-04号法律修正（第07/1982号政府公报第212页）；被1988年7月12日第88-26号法律废止（第28/1988号政府公报第777页）。

[6] 被1975年6月17日第75-47号法令废止和取代（第53/1975号政府公报第616页）；被1982年2月13日第82-04号法律修正（第07/1982号政府公报第213页）；被1988年7月12日第88-26号法律修正（第28/1988号政府公报第776页）；被2001年6月26日第01-09号法律废止（第34/2001号政府公报第15页）。

[7] 被1982年2月13日第82-04号法律新增（第07/1982号政府公报第217页）；被1988年7月12日第88-26号法律修正（第28/1988号政府公报第776页）；被2001年6月26日第01-09号法律废止（第34/2001号政府公报第15页）。

阿尔及利亚刑法典

第 422b 条（废止）[1]

第 423 条（废止）[2]

第 423-1 条（废止）[3]

第 423-2 条（废止）[4]

第 424 条（废止）[5]

第 425 条（废止）[6]

第 425a 条（废止）[7]

第 426 条（废止）[8]

---

[1] 被 1982 年 2 月 13 日第 82-04 号法律新增（第 07/1982 号政府公报第 217 页）；被 2001 年 6 月 26 日第 01-09 号法律废止（第 34/2001 号政府公报第 15 页）。

[2] 被 1975 年 6 月 17 日第 75-47 号法令废止和取代（第 53/1975 号政府公报第 616 页）；第 3 款被 1978 年 2 月 11 日第 78-03 号法律废止（第 07/1982 号政府公报第 117 页）；被 1982 年 2 月 13 日第 82-04 号法律修正（第 07/1982 号政府公报第 213 页）；被 1988 年 7 月 12 日第 88-26 号法律修正（第 28/1988 号政府公报第 776 页）；被 2001 年 6 月 26 日第 01-09 号法律废止（第 34/2001 号政府公报第 15 页）。

[3] 被 1982 年 2 月 13 日第 82-04 号法律新增（第 07/1982 号政府公报第 217 页）；被 1988 年 7 月 12 日第 88-26 号法律废止（第 28/1988 号政府公报第 777 页）。

[4] 被 1982 年 2 月 13 日第 82-04 号法律新增（第 07/1982 号政府公报第 217 页）；被 2001 年 6 月 26 日第 01-09 号法律废止（第 34/2001 号政府公报第 15 页）。

[5] 被 1975 年 6 月 17 日第 75-47 号法令废止和取代（第 53/1975 号政府公报第 616 页）；被 1982 年 2 月 13 日第 82-04 号法律修正（第 07/1982 号政府公报第 213 页）；被 1996 年 7 月 9 日第 96-22 号法律废止（第 43/1996 号政府公报第 10 页）。

[6] 被 1975 年 6 月 17 日第 75-47 号法令废止和取代（第 53/1975 号政府公报第 616 页）；被 1982 年 2 月 13 日第 82-04 号法律修正（第 07/1982 号政府公报第 213 页）；被 1996 年 7 月 9 日第 96-22 号法律废止（第 43/1996 号政府公报第 10 页）。

[7] 被 1982 年 2 月 13 日第 82-04 号法律新增（第 07/1982 号政府公报第 217 页）；被 1996 年 7 月 9 日第 96-22 号法律废止（第 43/1996 号政府公报第 10 页）。

[8] 被 1975 年 6 月 17 日第 75-47 号法令废止和取代（第 53/1975 号政府公报第 617 页）；被 1996 年 7 月 9 日第 96-22 号法律废止（第 43/1996 号政府公报第 10 页）。

第 426a 条（废止）[1]

第 427 条（废止）[2]

第 428 条（废止）[3]

第 4 编　商品销售欺诈和食品药品掺假[4]

第 429 条[5]

在以下方面欺诈或者试图欺诈合同缔约人的，处 2 个月至 3 年监禁，并处或者单处 2000 第纳尔至 20 000 第纳尔罚金：

——关于所有商品的性质、实际质量、组成和有用成分的含量；

——关于其品种或者产地；

——关于交付财物的质量或者一致性。

在所有情形下，犯罪人都必须被追索其不当赚取的利润。

第 430 条[6]

如果上述已经实施或者试图实施的犯罪具有下列情形之一的，监禁可加重至 5 年、罚金可加重至 500 000 第纳尔：

——使用虚假或不准确的度量衡和其他器具的；

---

[1] 被 1982 年 2 月 13 日第 82-04 号法律新增（第 07/1982 号政府公报第 217 页）；被 1996 年 7 月 9 日第 96-22 号法律废止（第 43/1996 号政府公报第 10 页）。

[2] 被 1975 年 6 月 17 日第 75-47 号法令废止和取代（第 53/1975 号政府公报第 617 页）；被 2001 年 6 月 26 日第 01-09 号法律废止（第 34/2001 号政府公报第 15 页）。

[3] 被 1975 年 6 月 17 日第 75-47 号法令废止和取代（第 53/1975 号政府公报第 617 页）；被 1988 年 7 月 12 日第 88-26 号法律废止（第 28/1988 号政府公报第 777 页）。

[4] 第 4 编被 1975 年 6 月 17 日第 75-47 号法令新增（第 53/1975 号政府公报第 617 页）。

[5] 被 1975 年 6 月 17 日第 75-47 号法令废止和取代（第 53/1975 号政府公报第 617 页）。

[6] 被 1975 年 6 月 17 日第 75-47 号法令废止和取代（第 53/1975 号政府公报第 617 页）；被 2006 年 12 月 20 日第 06-23 号法律修正（第 84/2006 号政府公报第 23 页）。

——使用倾向于歪曲解析、剂量测定、测量的操作或欺诈性地修改货物或产品的成分、重量、体积（即使实施于上述操作之前）之诡计或工序的；

——借助倾向于使人相信先前的确切操作中的欺诈性说明，或者借助不存在的官方监管的。

第 431 条［1］

有下列行为之一的，处 2 年至 5 年监禁和 10 000 第纳尔至 50 000 第纳尔罚金：

1. 在用于人类或动物消费的食品、药用物质、饮料、用于消费的农产品或天然产品中掺假；

2. 展示、待售或出售明知是掺假、腐败或有毒的供人类或动物食用的食品、药用物质、饮料、农产品或天然产品的；

3. 在明知其用途的情况下，展示、待售或出售能够用于掺假供人类或动物食用的食品、饮料、农产品或天然产品的产品，或者通过小册子、传单、广告单、海报、公告或任何说明书怂恿使用它们的。

第 432 条［2］

如果掺假或腐败的食品或药品导致食用者或服用者的疾病或者丧失工作能力，对掺假的正犯以及明知是掺假、腐败或有毒的这些物品而予以展示、待售、出售的人，处 5 年至 10 年监禁和 500 000 第纳尔至 1 000 000 第纳尔罚金。

如果该物质导致无法治愈的疾病、丧失器官功能或者永久残疾的，处 10 年至 20 年徒刑和 1 000 000 第纳尔至 2 000 000 第纳尔

---

［1］ 被 1969 年 9 月 16 日第 69-74 号法律修正（第 80/1969 号政府公报第 864 页）；被 1975 年 6 月 17 日第 75-47 号法令废止和取代（第 53/1975 号政府公报第 617 页）；被 1982 年 2 月 13 日第 82-04 号法律修正（第 07/1982 号政府公报第 213 页）。

［2］ 被 1969 年 9 月 16 日第 69-74 号法律修正（第 80/1969 号政府公报第 864 页）；被 1975 年 6 月 17 日第 75-47 号法令废止和取代（第 53/1975 号政府公报第 617 页）；被 1982 年 2 月 13 日第 82-04 号法律修正（第 07/1982 号政府公报第 213 页）；被 2006 年 12 月 20 日第 06-23 号法律修正（第 84/2006 号政府公报第 23 页）。

罚金。

如果导致人员死亡的，处无期徒刑。

第 433 条[1]

无正当理由地持有下列物品的，处 2 个月至 3 年监禁和 2000 第纳尔至 20 000 第纳尔罚金：

——明知是掺假、腐败或有毒的用于人类或动物食用的食品、饮料、农产品或者天然产品；

——掺假的药品；

——能够用于掺假供人类或动物食用的食品、饮料、农产品或天然产品的产品；

——用于通过或测量商品的伪造的度量衡或其他不准确的器具。

第 434 条[2]

有下列情形之一的，应当处以前条规定的最高刑：

1. 管理人员或会计对委托他保管或安排他监督的物质、材料、食品或饮料进行掺假或者导致其被掺假，或者在明知的情况下对上述被掺假的物质、材料、食品、饮料进行分拨或者导致其被分拨的；

2. 管理人员或会计对来自患有传染病的动物的肉或腐败、变质的材料、物质、食品、饮料，在明知的情况下予以分发或导致其被分发的。

第 435 条[3]

以拒绝进入生产、储存、销售场所或者其他方式，使司法警察

---

[1] 被 1969 年 9 月 16 日第 69-74 号法律修正（第 80/1969 号政府公报第 864 页）；被 1975 年 6 月 17 日第 75-47 号法令废止和取代（第 53/1975 号政府公报第 617 页）。

[2] 被 1969 年 9 月 16 日第 69-74 号法律修正（第 80/1969 号政府公报第 864 页）；被 1982 年 2 月 13 日第 82-04 号法律废止和取代（第 53/1975 号政府公报第 617 页）；被 1982 年 2 月 13 日第 82-04 号法律修正（第 07/1982 号政府公报第 213 页）。

[3] 被 1969 年 9 月 16 日第 69-74 号法律修正（第 80/1969 号政府公报第 864 页）；被 1975 年 6 月 17 日第 75-47 号法令废止和取代（第 53/1975 号政府公报第 617 页）。

的官员、工作人员以及依法有权查明第 228a 条、第 429 条和第 430 条所指犯罪的公务员无法履行职责的,在不影响第 183 条及后续条款规定刑罚的情况下,处 2 个月至 2 年监禁和 2000 第纳尔至 20 000 第纳尔罚金。

第 435a 条〔1〕

根据本法典第 51a 条规定的条件,宣告法人对本编规定的犯罪承担刑事责任。

根据第 18a 条规定的方式对法人处罚金,并在适用的情况下处以第 18a-2 条规定的刑罚。

对法人还可处第 18a 条规定的一种或者多种附加刑。

第 436 条 (废止)〔2〕

第 437 条 (废止)〔3〕

第 438 条 (废止)〔4〕

第 439 条 (废止)〔5〕

---

〔1〕 被 2006 年 12 月 20 日第 06-23 号法律新增(第 84/2006 号政府公报第 23 页)。

〔2〕 被 1969 年 9 月 16 日第 69-74 号法律修正(第 80/1969 号政府公报第 865 页);被 1975 年 6 月 17 日第 75-47 号法令废止(第 53/1975 号政府公报第 616 页)。

〔3〕 被 1975 年 6 月 17 日第 75-47 号法令废止(第 53/1975 号政府公报第 616 页)。

〔4〕 被 1969 年 9 月 16 日第 69-74 号法律修正(第 80/1969 号政府公报第 865 页);被 1975 年 6 月 17 日第 75-47 号法令废止(第 53/1975 号政府公报第 616 页)。

〔5〕 被 1975 年 6 月 17 日第 75-47 号法令废止(第 53/1975 号政府公报第 616 页)。

第4卷　违警罪及其制裁

第1编　一级违警罪

第1章　一类违警罪的唯一等级

第1节　与公共秩序有关的违警罪

第440条〔1〕

在负责公共事业助理工作的公民履行职责时或因为履行其职责实施，以不公开的言语、手势、威胁、文字、图画进行侮辱，或以出于相同目的利用任何物品实施的，处10日至2个月监禁，并处或者单处100第纳尔至1000第纳尔罚金。

第440 a条〔2〕

工作人员在履行职责期间对公民说凌辱、侮辱或任何伤人的话的，处1个月至2个月监禁，并处或者单处500第纳尔至1000第纳尔罚金。

第2节　与公共安全有关的违警罪

第441条〔3〕

有下列情形之一的，处10日至2个月监禁，并处或者单处100第纳尔至1000第纳尔罚金：

1. 户籍主管官员不在为此准备的登记册上而是在一张简单的活

---

〔1〕 被1982年2月13日第82-04号法律修正（第07/1982号政府公报第213页）。

〔2〕 被1982年2月13日第82-04号法律新增（第07/1982号政府公报第218页）。

〔3〕 被1982年2月13日第82-04号法律修正（第07/1982号政府公报第213页）。

页纸上登记户籍文书；在法律规定父亲、母亲或其他人的同意是婚姻有效的条件的情况下不确认存在这种同意；在民法规定的时日之前接受已婚妇女的结婚文书。即使户籍文书未被提出无效申请或者户籍文书无效的事实被隐瞒的，本项规定仍然可以适用；

2. 在有规定的情况下，未经公务助理人员事先批准就埋葬死者；以任何方式违反与上述安葬有关的法律和条例规定的。

第 441a 条[1]

有下列情形之一，处 100 第纳尔至 1000 第纳尔罚金，可以并处 10 日至 2 个月监禁：

1. 放任有害或危险的动物游荡、煽动动物进行攻击或者不阻止他们照料的动物攻击另一只动物的；

2. 将武器托付给缺乏经验或不具有心智能力的人的；

3. 导致或者放任马匹、劳作动物、驮货动物、骑乘动物在建筑物内或居民区内奔跑，或违反与车辆载重、速度、驾驶有关的条例的；

4. 以对公众构成危险的超速驾驭马匹、其他劳作动物、驮货动物、骑乘动物或车辆的；

5. 在建造、修补或拆除建筑物时不采取避免事故的必要的预防措施的；

6. 没有损害他人意图的人，将有害或有毒物质放置于供人或动物饮用的液体中的；

7. 除构成第 359 条规定的犯罪外，锁匠或任何其他工人有下列情形之一的：

——向未确认其身份的人出售或给予用于破门破壁的开锁用的钩子；

——根据蜡的或其他的模具或模型的印记，为不是准备供其使用的财产或物品的所有人或上述工人的众所周知的代理人的人制作

---

[1] 被 1982 年 2 月 13 日第 82-04 号法律新增（第 07/1982 号政府公报第 218 页）。

任何种类的钥匙；

——在不确定要求其开锁的人的身份的情况下开锁。

根据第 15 条和第 16 条的规定，还应当扣押和没收本条第 1 款第 7 项中所指的钥匙和开锁用的钩子。

第 3 节 与人身有关的违警罪

第 442 条[1]

有下列情形之一的，处 10 日至 2 个月监禁和 8000 第纳尔至 16 000 第纳尔罚金：

1. 故意地伤害或殴打他人或者实施任何其他暴力或粗暴行为，导致未超过 15 日的疾病或者完全丧失工作能力，且不存在有预谋、伏击或者携带武器情节的；

2. 由于笨拙失误、轻率不慎、缺乏注意、怠慢疏忽或不遵守条例而非故意地造成伤害、殴打或疾病，但未导致完全丧失工作能力超过 3 个月的；

3. 接生婴儿的人不在规定期限内按照法律规定作出申报的；捡到新生儿的人不按照法律要求将其交给户籍官员，但他同意收养该婴儿并且已经向婴儿捡拾地的市政当局就此进行申报的除外；将托付其照顾或因为任何其他原因而托付给他的不满 7 周岁的儿童带到孤儿院或慈善机构，但他未被要求或没有义务向孩子提供免费食物和抚养并且没有人提供的除外。

本条第 1 款第 2 项的公诉，只能基于被害人的告诉提起。

对于上述第 1 款第 1 项和第 2 项规定的行为，被告人的宽恕导致刑事诉讼的终止。

---

[1] 第 1 款被 1975 年 6 月 17 日第 75-47 号法令修正（第 53/1975 号政府公报第 617 页）；被 1982 年 2 月 13 日第 82-04 号法律修正（第 07/1982 号政府公报第 214 页）；被 2006 年 12 月 20 日第 06-23 号法律修正（第 84/2006 号政府公报第 24 页）。

第 442a 条[1]

斗殴、粗暴行为或轻微暴力的正犯和共犯,以及故意地向人扔硬物或垃圾的人,处 100 第纳尔至 1000 第纳尔罚金,还可以并处 10 日以下监禁。

通过噪声、喧闹、使用音响设备夜间集会、杂物,或者通过集体娱乐或任何其他方式,扰乱居民、公共场所或用于公共通道的场所的安宁的,处以相同的刑罚。

第 4 节 与动物有关的违警罪

第 443 条[2]

有下列情形之一,处 10 日至 2 个月监禁,单处或者并处 100 第纳尔至 1000 第纳尔罚金:

——在非必要的情况下,在任何地方杀死劳作动物、骑乘动物、驮货动物、有角牲畜、绵羊、山羊或其他牲畜、看门狗或池塘、鱼塘、水库中的鱼类的;

——在非必要的情况下,在被杀死动物的主人作为所有人、房客或承租人的场所杀死家畜的。

第 5 节 与财产有关的违警罪

第 444 条[3]

有下列情形之一,处 10 日至 2 个月监禁,单处或者并处 100 第纳尔至 1000 第纳尔罚金:

1. 对明知属于他人的树木予以砍倒、严重损毁、砍伤或以可致其死亡的方式剥皮;毁灭明知属于他人的嫁接植物;砍割明知属于他人的成熟或未成熟的草料或谷物的;

---

[1] 被 1982 年 2 月 13 日第 82-04 号法律新增(第 07/1982 号政府公报第 218 页)。

[2] 被 1982 年 2 月 13 日第 82-04 号法律修正(第 07/1982 号政府公报第 214 页)。

[3] 被 1982 年 2 月 13 日第 82-04 号法律修正(第 07/1982 号政府公报第 214 页)。

2. 将磨坊、工厂或池塘的出水口抬高到主管当局规定的高度以上,淹没道路或他人财产的;

3. 发件人在收件人未事先提出请求的情况下向其寄送任何物品,并附信件指明收件人既可以通过支付既定价格接受该物品也可以将其退还给发件人(即使该退还对收件人不产生费用)的。

第 6 节　与道路有关的违警罪

第 444a 条[1]

在没有必要的情况下,通过在公共道路上存放或遗留妨碍或降低通行自由或安全的任何材料或物品,阻碍公共道路的,处 100 第纳尔至 1000 第纳尔罚金,也可以并处 10 日至 2 个月监禁。

第 7 节　对一等违警罪累犯的制裁[2]

第 445 条[3]

对本编规定的违警罪,如果犯罪人构成累犯的,监禁可以加重至 4 个月、罚金可以加重至 40 000 第纳尔。

第 2 编　二类违警罪

第 1 章　二类一等违警罪

第 1 节　与道路有关的违警罪

第 446 条（废止）[4]

---

[1] 第 6 节被 1982 年 2 月 13 日第 82-04 号法律新增(第 07/1982 号政府公报第 218 页)。

[2] 第 2 章被 1982 年 2 月 13 日第 82-04 号法律废止,取代以新的第 7 节(第 07/1982 号政府公报第 206 页)。

[3] 被 1982 年 2 月 13 日第 82-04 号法律修正(第 07/1982 号政府公报第 214 页);被 2006 年 12 月 20 日第 06-23 号法律修正(第 84/2006 号政府公报第 24 页)。

[4] 被 1982 年 2 月 13 日第 82-04 号法令废止(第 07/1982 号政府公报第 218 页)。

第 2 节　与人身有关的违警罪

第 447 条（废止）[1]

第 3 节　与风化有关的违警罪

第 448 条（废止）[2]

第 4 节　与动物有关的违警罪

第 449 条[3]

在非必要的情况下，虐待家畜、驯养动物或者捕获动物（无论公开与否）的，处 100 第纳尔至 500 第纳尔罚金，还可以并处 10 日以下监禁。如果动物的主人被判刑或者主人不明的，法院可以决定将动物交给被承认或申报为公益性质的动物保护机构，由其对动物自由处置。

第 5 节　与财产有关的违警罪

第 450 条[4]

有下列情形之一的，处 100 第纳尔至 500 第纳尔罚金，还可以并处 10 日以下监禁：

1. 在未经行政当局授权的情况下，以任何方式在属于国家、地方当局的区域的动产或不动产上或为了执行公用服务或因为对公众开放而放置于该区域内的财产上刻字、绘制标志或图画的；

2. 不是不动产的所有人、用益权人、承租人或者在未经这些人授权如此的情况下，以任何方式在建筑物上刻字、绘制标志或图

---

[1] 被 1982 年 2 月 13 日第 82-04 号法令废止（第 07/1982 号政府公报第 218 页）。

[2] 被 1969 年 9 月 16 日第 69-74 号法律废止（第 80/1969 号政府公报第 865 页）。

[3] 被 1982 年 2 月 13 日第 82-04 号法律修正（第 07/1982 号政府公报第 214 页）。

[4] 被 1982 年 2 月 13 日第 82-04 号法律修正（第 07/1982 号政府公报第 214 页）。

画的；

3. 损坏沟渠或栅栏、从活树篱上砍下树枝或者从树篱上移走干木头的；

4. 除第 395 条至第 417 条的情形以外，故意地损害他人的动产的；

5. 在没有第 361 条规定的任何情形的情况下，偷窃在其被取走前尚未与土地分离的庄稼或其他有用的土地产品的。

第 2 章　二类二等违警罪

第 1 节　与公共秩序有关的违警罪

第 451 条[1]

有下列情形之一的，处 100 第纳尔至 500 第纳尔罚金，还可以并处 5 日以下监禁：

1. 除第 246 条规定的情况外，公开穿着与条例文本规定的制服相似的可能会引起公众误解的服装的；

2. 面包师和屠夫以高于根据依法制定和公布的价格中的定价出售面包或肉类的；

3. 使用与现行法律规定不同的度量衡的；

4. 客栈老板、旅馆老板、小旅店店主或带家具房屋的承租人，对在他们的房子里睡觉或全部或部分过夜的任何人，不在其抵达时在定期保存的登记簿中无空白地登记其姓氏、名字、身份、通常居住地、进入日期以及不在其离开时登记离开日期；上述这些人，在条例规定的时间或当他们被要求这样做时，不能向有权机关提交该登记簿的；

5. 在街道、小径、广场或公共场所设立或举行彩票游戏或其他射幸游戏的；

6. 接受、持有或使用旨在补充或替代作为法定货币的货币符号

---

[1] 被 1967 年 6 月 20 日第 50/1967 号政府公报（第 479 页）校正；被 1982 年 2 月 13 日第 82-04 号法律修正（第 07/1982 号政府公报第 214 页）。

之支付手段的；

7. 拒绝根据当前价值接受非伪造或变造的本国的硬币和纸币；

8. 在发生事故、骚乱、海难、劫掠、火灾、其他灾难以及抢劫、现行犯罪、公众抗议或司法执行的情况下，有能力作为的人拒绝或不执行法律所要求的工作、服务或提供法律所要求的协助的；

9. 在未经授权或未作合法申报的情况下，违反警方对公共场所的管理规定，在公共场所提供、待售或以出售为目的展示商品的。

第 452 条

在第 451 条第 1 项、第 3 项、第 6 项、第 7 项、第 8 项规定的情形下，应当依据第 15 条和第 16 条规定扣押和没收下列物品：

1. 与条例文本规定的制服相似的可能会引起公众误解的服装；

2. 与现行法律规定不同的度量衡；

3. 设置在街道、小径和公共道路上用于游戏或彩票的桌子、工具、设备，以及提供给玩家的赌注、资金、食品、物品或奖品；

4. 意图补充或替代具有法定货币地位的货币符号之支付手段；

5. 违反警方对公共场所的管理规定在公共场所提供、待售或以出售为目的展示的商品。

第 2 节　与公共安全有关的违警罪

第 453 条[1]

有下列情形之一的，处 50 第纳尔至 200 第纳尔罚金，还可以并处 5 日以下监禁：

1. 违反有关下列内容的条例规定的：

——公共汽车的坚固性；

——其重量；

——其载重方式；

——旅客的人数和安全；

---

〔1〕 被 1982 年 2 月 13 日第 82-04 号法律修正（第 07/1982 号政府公报第 215 页）。

——车辆内部的对所包括的座位和座位的价格的标示；

——外部的对所有人姓名的标示。

2. 让委托给其看管的精神错乱人四处游荡的；

3. 卡车司机、车夫、任何汽车的司机或驮货动物的驾驭人，违反其有义务遵守的关于下列内容的条例的：

——始终保持他们的马匹、劳作动物、驮货动物及其车辆处于他们能够驾驭和驾驶的范围内；

——只占用街道、小路或公共道路的一侧；

——如果前面所有其他汽车转弯或靠边停车，当其接近时至少留出街道、车行道、道路和小路一半的供他们使用。

4. 在被要求购买或典当他们明知来源可疑的物品时，不立即通知警察当局的。

第454条[1]

在第453条第4项规定的情况下购买或抵押的物品，如果未找到其合法所有人的，依照本法第15条和第16条的规定予以扣押和没收。

第3节 与道路有关的违警罪

第455条[2]

有下列情形之一的，处100第纳尔至500第纳尔罚金，还可以并处5日以下监禁：

1. 以任何方式损坏、破坏公共道路或侵占其宽度的；

2. 未经授权地从公共道路上移走草皮、泥土或石块，或在没有总体使用授权的情况下从属于社区的地点移走泥土或材料的。

---

[1] 被1982年2月13日第82-04号法律修正（第07/1982号政府公报第215页）。

[2] 被1982年2月13日第82-04号法律修正（第07/1982号政府公报第215页）。

第4节 与人身有关的违警罪

第456条[1]

以猜测、预测或解释梦境为职业的,处100第纳尔至500第纳尔罚金,还可以并处10日以下监禁。

用于或打算用于从事占卜师、预言家或解梦者职业的器械、用具和服装,还应当根据第15条和第16条的规定予以扣押和没收。

第5节 与动物有关的违警罪

第457条[2]

有下列情形之一的,处50第纳尔至500第纳尔罚金,还可以并处5日以下监禁:

1. 因为有害或凶猛的动物的四处游荡,或者因车辆、马匹、劳作动物、驮货动物、骑乘动物的速度、方向不当或超载,导致他人的动物或牲畜死亡或受伤的;

2. 不谨慎或笨拙地使用武器或者投掷石块或其他坚硬的物体,造成同样的损害的;

3. 由于房屋或建筑物的陈旧、破败、缺乏维修或维护,或者在没有命令要求的或惯常的预防措施或信号的情况下在街道、小径、广场或公共道路以内或附近进行阻断、挖掘或其他此类工程,造成同样的事故的。

第6节 与财产有关的违警罪

第458条[3]

有下列情形之一的,处20第纳尔至50第纳尔罚金,还可以并

---

[1] 被1982年2月13日第82-04号法律修正(第07/1982号政府公报第215页)。

[2] 被1982年2月13日第82-04号法律修正(第07/1982号政府公报第215页)。

[3] 被1982年2月13日第82-04号法律修正(第07/1982号政府公报第215页)。

处5日以下监禁：

1. 收容四处游荡或被抛弃的家畜、劳作动物、驮货动物、骑乘动物，不在3天以内向地方当局申报的；

2. 既不是所有人也不是用益物权人、房客、承租人，既不享有土地也不享有通行权，既不是上述人员的代理人也不是其工作人员之人，无论是在整地、播种时还是载有成熟或接近成熟的谷物或水果时，进入和穿越该土地或该土地的一部分的；

3. 向他人的房屋、建筑物、栅栏或封闭的花园投掷石块、其他硬物或垃圾的。

第3章　二类三等违警罪

第1节　与公共秩序有关的违警罪

第459条〔1〕

违反行政机关依法发布的法令和决定，如果特别条款未对违反这些规范性文件规定惩罚的，处10 000第纳尔至20 000第纳尔罚金，还可以并处3日以下监禁。

第459a条〔2〕

对本法第459条规定的违警罪提起的公诉，可通过一次性支付10 000第纳尔罚金予以撤销。

犯罪人可以从违警罪通知宣布之日起10日的期间内，将罚金金额支付给其住所地或犯罪地的税务员。

在不影响本条规定的情况下，刑事诉讼法有关一次性罚金的规定，适用于本条规定的罚金。

---

〔1〕 被1982年2月13日第82-04号法律修正（第07/1982号政府公报第216页）；被2020年4月28日第20-06号法律修正（第25/2020号政府公报第10页）。

〔2〕 被2020年4月28日第20-06号法律修正（第25/2020号政府公报第10页）。

第 2 节　与公共安全有关的违警罪

第 460 条[1]

有下列情形之一的,处 30 第纳尔至 100 第纳尔罚金,还可以并处 3 日以下监禁:

1. 不维护、修理或清洁炉灶、烟囱或用火的工厂的;
2. 违反在某些地方燃放烟花的禁令的;
3. 在街道、小径、广场、公共场所或田野中遗留能被盗贼和其他罪犯使用的工具、器具或武器的。

第 461 条

在第 460 条第 2 项和第 3 项规定的情形下,还应根据第 15 条和第 16 条规定扣押和没收:

1. 犯罪人所持有的烟花;
2. 遗留在街道、小径、广场、公共场所或田野中的工具、器具或武器。

第 3 节　与道路和公共卫生有关的违警罪

第 462 条[2]

有下列情形之一的,处 30 第纳尔至 100 第纳尔罚金,还可以并处 3 日以下监禁:

1. 有义务照明公共道路的一部分的人不进行此照明的;
2. 违反法律和条例,不照亮其在街道和广场上储存的材料和制造的坑穴的;
3. 不执行或拒绝执行有关道路管理的条例或决定,或者不服从行政当局发出的修缮或拆除有毁坏危险的建筑物的催告书的;
4. 不清洁位于由居民负责清洁的场所的街道或通道的;

---

[1] 被 1982 年 2 月 13 日第 82-04 号法律修正(第 07/1982 号政府公报第 216 页)。

[2] 被 1982 年 2 月 13 日第 82-04 号法律修正(第 07/1982 号政府公报第 216 页)。

5. 将垃圾、粪便、清扫物、废水或因其掉落可能造成损害或产生不健康的或令人厌烦的气味的其他物质，抛弃或存放于公共公路上的。

第 4 节　与人身有关的违警罪

第 463 条〔1〕

有下列情形之一的，处 30 第纳尔至 100 第纳尔罚金，还可以并处 3 日以下监禁：

1. 轻率不慎地向他人扔垃圾的；
2. 在没有被挑衅的情况下对他人进行非公开侮辱的。

第 5 节　与财产有关的违警罪

第 464 条〔2〕

有下列情形之一的，处 30 第纳尔至 100 第纳尔罚金，还可以并处 3 日以下监禁：

1. 当场采摘并食用属于他人的水果的；
2. 在尚未完全剥离或清空庄稼的田地里捡拾、耙拢或搜罗的；
3. 在河流或其他水源中放置或抛弃可能阻碍它们的材料或其他物体的。

第 4 章　对二类违警罪累犯的制裁

第 465 条〔3〕

在本编规定的违警罪中，累犯的处罚是：

1. 对第 1 章规定的违警罪的累犯，监禁可加重至 1 个月、罚金

---

〔1〕被 1982 年 2 月 13 日第 82-04 号法律修正（第 07/1982 号政府公报第 216 页）。

〔2〕被 1982 年 2 月 13 日第 82-04 号法律修正（第 07/1982 号政府公报第 216 页）。

〔3〕被 2006 年 12 月 20 日第 06-23 号法律修正（第 84/2006 号政府公报第 24 页）；被 1982 年 2 月 13 日第 82-04 号法律修正（第 07/1982 号政府公报第 216 页）；被 2020 年 4 月 28 日第 20-06 号法律修正（第 25/2020 号政府公报第 10 页）。

可加重至 34 000 第纳尔；

2. 对第 2 章规定的违警罪的累犯，监禁可加重至 10 日、罚金可加重至 32 000 第纳尔；

3. 对第 3 章规定的违警罪的累犯，监禁可加重至 5 日、罚金可加重至 30 000 第纳尔。

第 3 编　对各类违警罪的共同规定

第 466 条

在违警罪案件中，给予减轻处罚及其效力，依据第 53 条的规定予以决定。

一般条款

第 467 条

法院和法庭继续遵循特别法和条例中对本法典没有规定事项的规定。

第 467a 条〔1〕

轻罪的罚金，按如下规则加重：

——如果起点低于 20 000 第纳尔的，罚金的下限加重至 20 001 第纳尔；

——如果上限低于 100 000 第纳尔的，罚金的上限加重至 100 000 第纳尔；

——如果对其他轻罪的罚金上限等于或者高于 100 000 第纳尔的，除非法律对限度另有规定，罚金的上限加重 1 倍。

---

〔1〕 被 2006 年 12 月 20 日第 06-23 号法律新增（第 84/2006 号政府公报第 24 页）。

第 467a-1 条[1]

违警罪的罚金,按如下规则加重:

——如果罚金为 20 第纳尔至 50 第纳尔,其数额为 2000 第纳尔至 4000 第纳尔;

——如果罚金为 30 第纳尔至 100 第纳尔,其数额为 3000 第纳尔至 6000 第纳尔;

——如果罚金为 50 第纳尔至 200 第纳尔,其数额为 4000 第纳尔至 8000 第纳尔;

——如果罚金为 50 第纳尔至 500 第纳尔,其数额为 5000 第纳尔至 10 000 第纳尔;

——如果罚金为 100 第纳尔至 500 第纳尔,其数额为 6000 第纳尔至 12 000 第纳尔;

——如果罚金为 100 第纳尔至 1000 第纳尔,其数额为 8000 第纳尔至 16 000 第纳尔;

——如果罚金为 500 第纳尔至 1000 第纳尔,其数额为 10 000 第纳尔至 20 000 第纳尔。

第 468 条

从 1965 年 11 月 16 日第 65-278 号法令生效之日起,所有与现行法令冲突的规定予以废止,并且在阿尔及利亚民主人民共和国政府公报上予以公布。

---

[1] 被 2006 年 12 月 20 日第 06-23 号法律新增(第 84/2006 号政府公报第 24 页)。